# Informations légales

© 2023
Auteur et éditeur : M.Eng. Johannes Wild
A94689H39927F
E-mail : 3dtech@gmx.de

Les mentions légales complètes du livre se trouvent dans les dernières pages !

## Cette œuvre est protégée par le droit d'auteur



**Avertissement :** Ce livre est uniquement destiné à des fins éducatives et ne constitue pas une recommandation d'action. L'électricité, en particulier le courant alternatif et le courant à haute tension, est dangereuse pour la vie. Demandez l'avis d'un professionnel avant d'effectuer des travaux pratiques.

# Avant-propos

### Merci beaucoup d'avoir choisi ce livre !

Un accueil chaleureux ! Vous cherchez une introduction simple et compréhensible aux bases de l'électrotechnique et de l'électronique ? Alors vous avez tout intérêt à lire ce livre : "Électrotechnique | Pas à pas" ! Je suis ingénieur (M.Eng.) et j'aimerais vous rapprocher des connaissances de base de l'électrotechnique et de l'électronique d'une manière simplement expliquée. Ce livre vous offre une introduction facile à comprendre, structurée de manière intuitive et pratique au monde de l'ingénierie électrique !

Qu'est-ce que le courant et qu'est-ce que la tension ? Qu'est-ce que la charge ? Qu'est-ce que le pouvoir ? Comment fonctionne un moteur électrique, quelle est la différence entre le courant continu et le courant alternatif ? Ce manuel d'électrotechnique répond non seulement à ces questions, mais couvre également de nombreux autres sujets en détail. En plus des termes et principes de base importants, vous apprendrez, par exemple, comment analyser les circuits d'ingénierie électrique, ce qu'est un transistor (bipolaire et MOSFET) et comment est construit un circuit résonnant en série. Nous verrons également ce qui se passe lorsque vous placez une bobine dans un champ magnétique et quelles sont les applications pratiques de ces principes de base dans notre monde moderne.

Ce livre de base s'adresse spécifiquement à tous ceux qui n'ont aucune ou seulement des connaissances scolaires préalables en électrotechnique et en électronique ou qui ont déjà des connaissances et recherchent un guide pratique et compréhensible sur le sujet de l'électrotechnique. Quel que soit votre âge, quelle que soit votre profession, que vous soyez élève, étudiant ou retraité. Ce livre s'adresse à tous ceux qui veulent ou doivent s'occuper d'électrotechnique et d'électronique.

L'objectif de ce livre est de vous faire comprendre comment l'électrotechnique nous accompagne dans la vie quotidienne et quels sont les principes de base. Il s'agit d'un livre qui permet de comprendre les circuits d'électrotechnique et également de comprendre les composants les plus importants (par exemple, résistance, transformateur, condensateur, diode, etc.) en électrotechnique ou en électronique. Vous apprendrez également les bases de la technologie du courant continu et de la technologie du courant alternatif, leurs origines physiques et bien plus encore ! Développez une compréhension de base de l'ingénierie électrique et de l'électronique!

Dans ce cours de base d'électrotechnique, vous apprendrez tout ce que vous devez savoir en tant que débutant sur le monde de l'électrotechnique et de l'électronique ! Alors n'hésitez plus, jetez un coup d'œil au livre et procurez-vous votre exemplaire sous forme d'ebook ou de livre de poche !

# Table des matières

# 1 Introduction

## Ce que vous pouvez attendre de ce livre et ce que vous allez apprendre

Dans ce guide du débutant en électrotechnique, vous trouverez une introduction aux bases de l'électrotechnique et de l'électronique et apprendrez en particulier les termes et les quantités de base tels que le courant, la tension, la puissance, ainsi que la structure et l'utilisation des composants électroniques importants tels que les résistances, les diodes, les transistors, les condensateurs et bien d'autres choses encore en détail. En tant qu'ingénieur, je partage avec vous mes connaissances issues des études et de la pratique, étape par étape, afin que vous puissiez obtenir un succès d'apprentissage optimal grâce aux bases théoriques d'une part, mais surtout aux exemples pratiques d'autre part.

Dans ce cours, qui s'adresse spécifiquement aux débutants, vous apprendrez également comment les circuits électriques sont construits et comment ils peuvent être analysés ou résolus. Pour ce faire, nous utiliserons par exemple les règles de Kirchhoff, que nous allons découvrir en détail. Dans les exemples, nous ferons également des calculs ensemble et nous apprendrons à connaître les équations mathématiques qui sous-tendent les principes de base du génie électrique dans chaque chapitre. Selon le degré d'approfondissement que vous souhaitez donner à ce sujet, vous pouvez également vous contenter de les noter. En dehors des équations, ce livre offre principalement un moyen facile et compréhensible de s'initier à l'électrotechnique et de se familiariser avec le courant et la tension au fil des chapitres.

En bref, ce cours vous enseignera en détail les points suivants :

- *Termes et grandeurs de base de l'électrotechnique*
- *Analyser et résoudre des circuits électriques*
- *Loi d'Ohm, loi d'Ampère et loi de Farady*
- *Les composants tels que les résistances, les diodes (par exemple les LED), les transistors, les condensateurs, les transformateurs... et apprendre à connaître leur fonctionnement et leurs domaines d'application*
- *La différence entre le courant continu et le courant alternatif, ainsi que le courant monophasé et le courant multiphasé systèmes (mot-clé : courant fort)*
- *Comment l'électricité entre-t-elle dans la maison ? Apprendre à connaître le système d'approvisionnement en électricité*
- *Moteurs à courant continu et à courant alternatif et leur construction / mode de fonctionnement*
- *et bien plus encore !*

**Sois enthousiaste ! C'est parti !**

# 2 Bases électrotechniques et analyse des circuits

## 2.1 Introduction au génie électrique

L'électrotechnique repose en grande partie sur deux quantités physiques fondamentales déjà abordées à l'école, à savoir la charge et l'énergie (travail). André Ampère a été le premier à découvrir ces propriétés de l'électricité, qui sont utilisées sous forme de courant et de tension pour l'analyse des circuits électriques et électroniques. Il est important de faire la distinction entre ces deux quantités. Sans entrer dans le détail des principes quantiques relativement complexes qui sous-tendent la nature physique de la charge électrique et de l'énergie (travail), nous considérerons cette nature quantique comme acquise dans ce livre et nous nous concentrerons davantage sur les applications pratiques. Nous aborderons d'abord les deux grandeurs fondamentales que sont la charge et l'énergie, ainsi que la différence - souvent mal comprise - entre courant et tension, avant de nous familiariser avec la loi d'Ohm. Les premiers chapitres en particulier seront un peu plus secs, car il s'agit de bases théoriques nécessaires pour les chapitres suivants, alors accrochez-vous !

## 2.2 Tailles de base

Les deux grandeurs fondamentales en électrotechnique sont, comme nous l'avons déjà mentionné, la charge et l'énergie.

La **charge**, mesurée en coulombs (C) et décrite par la lettre Q (ou q), est une quantité physique qui a la propriété de subir une force lorsqu'elle est placée dans un champ électromagnétique. Qu'est-ce que cela signifie et qu'est-ce qu'un champ électromagnétique ? Un champ électromagnétique est composé d'un champ électrique et d'un champ magnétique, qui sont couplés ensemble. C'est une sorte d'état de l'espace ou une zone dans laquelle des charges accélérées sont présentes. Les humains ne peuvent pas percevoir les champs électromagnétiques de manière différenciée avec leurs organes sensoriels, à l'exception du domaine visible, que chacun perçoit comme de la lumière. De nos jours, il est difficile d'imaginer la vie sans champs électromagnétiques. Chaque micro-onde fonctionne avec les micro-ondes du même nom et chaque téléphone portable fonctionne également avec les micro-ondes. Mais nous en reparlerons plus tard. Il existe deux types de frais : Le positif (+) et le négatif (-). Les charges égales se repoussent, les charges inégales s'attirent. Nous entrons en contact avec des charges dans notre vie quotidienne plus souvent que nous ne le pensons. Qui ne connaît pas le craquement et les cheveux ébouriffés quand on enfile ou retire le pull en laine de grand-mère. Ou le petit choc électrique au contact d'une poignée de porte ou d'une pièce métallique, si la combinaison entre la semelle de la chaussure et le revêtement de sol (par exemple, semelle en caoutchouc et tapis) est défavorable. L'origine de ces expériences quotidiennes sont les charges. Chaque objet possède des charges positives et négatives qui sont normalement en équilibre.

Cependant, par le biais des processus de friction lors de l'habillage ou de la marche, cet équilibre des charges est déplacé et une tension électrique est créée. Si les poils se chargent lorsque le pull en laine est enfilé, ils restent coincés quelque part ou semblent flotter parce qu'ils se repoussent mutuellement. Cela se produit en raison de la charge égale ou opposée (deux charges égales se repoussent, deux charges différentes s'attirent).

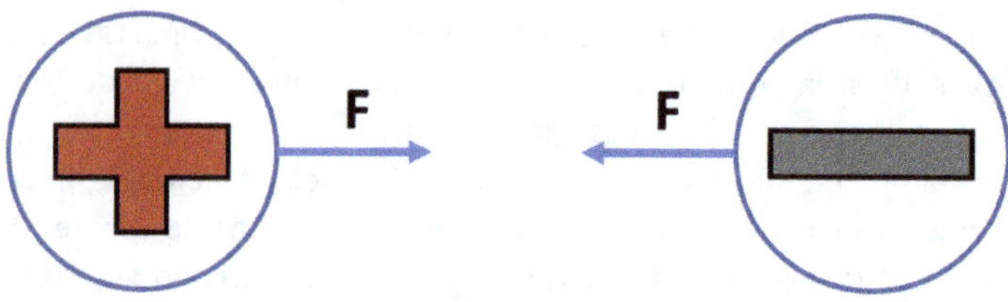


*Figure 1 : Deux charges inégales se repoussent.*

Cependant, la charge n'est pas une grandeur adaptée à l'analyse des circuits. Pour cela, nous avons besoin du "courant".

En électricité, le **courant I** (unité : ampère $= \frac{charge\ transportée}{unité\ de\ temps}$), est défini comme des charges en mouvement et constitue donc une quantité plus pratique. En termes simples, les charges en mouvement sont des charges qui sont déplacées ou transportées par unité de temps, de sorte que nous pouvons exprimer le courant mathématiquement comme suit :

$$I(t) = \frac{dQ(t)}{dt} = \frac{C}{s} = \text{Ampère} \qquad\qquad 1\text{-}1$$

Un scalaire (par exemple, la masse, la température, ...) est simplement une quantité caractérisée par la spécification d'une valeur numérique. Un vecteur, en revanche (par exemple, la vitesse), est une quantité décrite par une valeur numérique, une unité et une direction. Bien que le courant ait ici une direction, il ne s'agit toujours pas d'une quantité vectorielle, mais d'un scalaire. En termes mathématiquement simplifiés, nous pouvons dire que l'addition de courants (simple addition de particules, par exemple 3 + 4 charges = 7 charges) ne suit pas les lois de l'addition vectorielle, c'est-à-dire qu'elle ne peut pas être une quantité vectorielle.

Une autre quantité connue, la **tension U** (unité : volt $= \frac{J}{C}$) peut être compris comme le changement d'énergie (ou le travail W) d'une charge en mouvement. Ainsi, si une charge de 1 coulomb subit un changement d'énergie de 1 joule, cela signifie qu'il y a un changement d'énergie de 1 volt. Nous appelons également cette **différence de potentiel**. Cette différence de potentiel (ou tension) peut être décrite mathématiquement en électricité comme suit :

$$U(t) = \frac{dW}{dQ} = \frac{J}{Q} = Volt \qquad \text{1-2}$$

Or, la tension ne dépend pas du mouvement des charges (c'est-à-dire du courant). Nous le savons parce que les charges ne peuvent pas circuler sans énergie. Dans le même temps, cependant, l'énergie peut également être présente sans provoquer le flux de ces charges. Comment pouvons-nous comprendre cela ? Par exemple, imaginez un objet si lourd que vous ne pouvez pas le soulever. Bien que vous ne puissiez pas le soulever, le simple fait d'essayer vous donne déjà de l'énergie. C'est-à-dire que l'énergie est présente, mais il n'y a pas de mouvement. De même, en électricité, les isolants et les circuits ouverts sont sous tension, mais aucun courant ne peut les traverser. Il est également important de comprendre que la tension (U) ne dépend pas du temps (t) (voir 1-2), alors que le courant (I) dépend du temps (t) (voir 1-1).

**En résumé, on peut dire que les charges en mouvement (courant) nécessitent de l'énergie**

En outre, le fait suivant s'applique : si la valeur ou la quantité ($q = n \cdot e$) d'une charge (coulomb) augmente, il faut davantage d'énergie pour que les charges parcourent la même distance en une seconde. Dans la relation ci-dessus, "n" est le nombre de particules et "e" est la charge d'un électron. Ainsi, plus le nombre augmente, plus la valeur de la charge augmente et plus il faut d'énergie pour parcourir la même distance dans le même temps.

## 2.3 Équation de puissance et loi d'Ohm

Une quantité plus générale, la **puissance P** (unité : watt), est définie comme le travail par unité de temps et est généralement plus pratique à utiliser car elle inclut le temps. La puissance est donc le travail effectué sur une charge dans une unité de temps. En d'autres termes, on peut aussi la définir comme l'énergie d'un certain nombre de charges (n-charges) en mouvement (courant) :

$$P = \frac{dW}{dt} = \frac{dQ}{dt} \cdot \frac{dW}{dQ} = U \cdot I \qquad \text{1-3}$$

On mesure la puissance électrique (P) en $\frac{J}{s}$ ou $V \cdot A$ qui est synonyme de l'unité Watt, du nom de l'explorateur écossais James Watt.

L'unité de puissance, comme de nombreuses autres unités (unités SI), est donc définie avec l'unité de temps <u>seconde.</u> Dans notre vie quotidienne, cependant, l'unité de temps <u>heure est</u> souvent plus pratique. Par conséquent, l'unité utilisée pour l'**énergie dans la** vie de tous les jours est le kWh, qui correspond à 1000 watts multipliés par une heure. Elle peut être considérée comme la puissance (production/consommation) pendant une heure. 1 kWh est donc l'énergie qu'un appareil d'une puissance de 1 000 watts absorbe ou émet en une heure. Pour le dire encore plus simplement : Si une ampoule de 20 W, fonctionne en continu pendant 50 heures, elle consomme une énergie de 1 kWh ($20 \cdot 50 = 1000$). Pour cette ampoule, 20 W signifie la consommation d'énergie de 20 J en 1 seconde, et 1 kWh signifie simplement la consommation de 20 W d'énergie pendant 50 heures.

L'interaction entre la tension et la puissance est une relation importante dans l'analyse des circuits électriques. Il existe une autre relation importante que nous aimerions examiner brièvement ci-dessous afin de pouvoir résoudre tout problème de circuit en combinant ces deux relations.

Imaginez un courant (I) circulant dans un conducteur sous l'influence d'une tension (U). Dans ce scénario, les particules de charge de ce courant (I) entrent en collision entre elles et parfois avec les parois du conducteur. Cette collision de charges développe une **résistance R dans** leur flux (mesurée en ohms ou $\Omega$), et lorsque cette résistance augmente, les charges ralentissent (diminution du courant). La tension U étant directement proportionnelle au courant I, la définition mathématique est donc la suivante :

$$V \propto I \Rightarrow U = R \cdot I \qquad\qquad 1\text{-}4$$

"R" est la constante de proportionnalité du courant et de la tension, "$\propto$"signifie directement proportionnel.

Relions maintenant cette équation, qui est également appelée loi d'Ohm, à l'équation de puissance. Pour ce faire, il suffit de considérer, par exemple, une ampoule de 200W par rapport à une ampoule de 100W. Puisque l'ampoule de 200 W a logiquement (200W > 100W) plus de puissance, elle est traversée par plus de courant, et à partir de (1-4) nous obtenons une résistance plus faible (1-5). Dans ce qui suit, les flèches représentent une amplification ou une atténuation des différentes quantités.

$$P \uparrow = U \cdot I \uparrow \text{ et } R \downarrow = \frac{U}{I \uparrow} \qquad\qquad 1\text{-}5$$

Cela peut être un peu déroutant au début, car il est difficile d'imaginer comment l'augmentation du courant peut réduire la résistance. Normalement, on pourrait penser que si le courant est augmenté, davantage de particules **devraient** entrer en collision les unes avec les autres et qu'il devrait donc y avoir plus de résistance. Mais ce n'est pas le cas ! Ici, en réfléchissant un peu à la façon dont le courant est directement lié à la puissance et vice versa à la résistance, on peut développer une bonne compréhension de tout cela.

Avant d'examiner le premier circuit, nous allons apprendre une autre quantité, la **conductance G.** La conductance est l'inverse de la résistance. ($G = \frac{1}{R}$). La conductance est utilisée pour avoir une idée de la conductivité électrique d'un matériau. La conductivité et la résistance sont des termes génériques car les différents matériaux ont des capacités différentes. La **valeur de la résistivité** ($\rho$ ; *prononcé : rho*) et la **conductivité** ($\frac{1}{\rho}$) sont souvent utilisés dans des cas pratiques lorsque la résistance d'un certain matériau est nécessaire. L'équation suivante relie la résistance à la valeur de résistivité :

$$R = \rho \cdot \frac{L}{A}$$

1-6

Cette équation (1-6) indique uniquement que la résistance d'un composant dépend de la valeur de résistance spécifique ($\rho$), qui est définie pour chaque matériau sous la forme d'une valeur fixe, et de la longueur du conducteur ainsi que de la surface de la section du conducteur (par exemple, la section du câble).

En utilisant les équations 1-3 et 1-4, nous pouvons dériver d'autres relations utilisant la puissance, en la reliant à la résistance. Par exemple :

$$P = U \cdot I = U \cdot \frac{U}{R} = \frac{U^2}{R} = \frac{I^2 \cdot R^2}{R} = I^2 \cdot R$$

1-7

Qu'est-ce qu'un circuit ? En termes simples, un circuit est une disposition de différents composants avec une connexion électriquement conductrice entre ces composants. Pour qu'un circuit électrique fonctionne, il faut une source d'énergie/source de courant, par exemple une batterie, et un consommateur, par exemple une ampoule électrique, ainsi que des connexions entre ces deux composants, que l'on appelle des conducteurs. En électrotechnique, ces composants sont représentés sous forme de symboles dans un circuit ou une boucle.

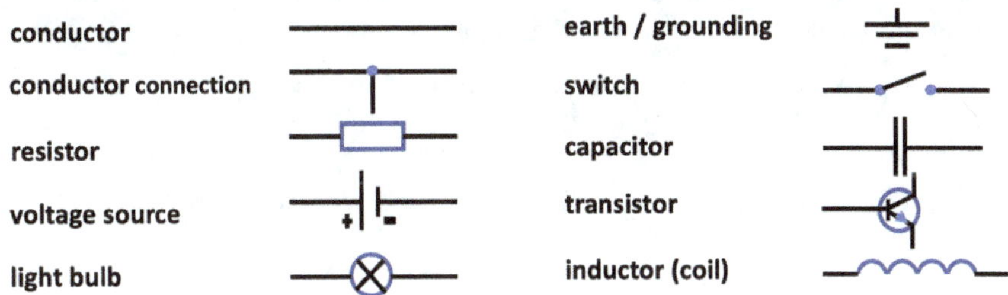


*Figure 2 : Les symboles de circuit les plus importants*

Pour qu'une lampe, par exemple, s'allume comme le montre la figure 3, le **circuit doit être fermé, c'est-à-dire qu'il** doit y avoir une connexion entre les deux pôles (+ et -) d'une source d'énergie (par exemple une batterie) et l'ampoule. Dans ce cas, le courant circule d'un pôle de la source d'alimentation (par exemple, la batterie) à travers

11

l'ampoule et revient à l'autre pôle de la source d'alimentation. Si cette connexion est coupée, par exemple par un interrupteur, le courant ne passe plus et la lampe ne s'allume plus. Dans ce cas, on parle d'un **circuit ouvert**. Un **court-circuit** se produit si le courant peut circuler sans entrave et sans passer d'abord par un composant électrique d'un pôle de la source de courant à l'autre pôle (par exemple, par un point non isolé d'un câble sur une surface métallique). En effet, le courant emprunte toujours le chemin de moindre résistance.

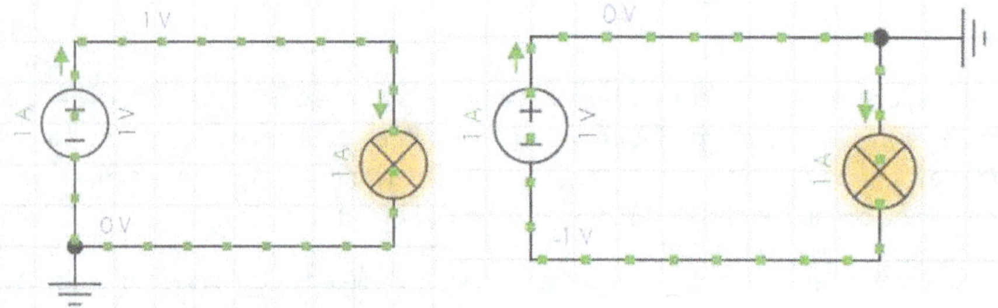

*Figure 3 : Circuits électriques avec batterie (symbole + / -) et lampe (jaune)*

<u>**Exemple 1**</u>
**Quelle est la valeur de la résistance pour une tension donnée U = 230 V et une intensité de courant I = 16 A ?**

Avec la loi d'ohm, R=U/I s'applique :

$$R = \frac{U}{I} \rightarrow R = \frac{230\,V}{16\,A} = 14{,}375\,\Omega$$

**Quelle est la valeur de la résistance pour une tension donnée U = 230 V mais une intensité inconnue ? La puissance est de 250 W.**

Si la puissance est connue (tension inconnue ou intensité inconnue), tu peux utiliser cette combinaison de l'équation de puissance et de la loi d'Ohm :

$$R = \frac{U^2}{P} \rightarrow R = \frac{(230\,V)^2}{250\,W} = \frac{52.900\,V^2}{250\,VA} = 211{,}6\,\frac{V}{A} = 211{,}6\,\Omega$$

Remarque : Si l'on connaît l'intensité du courant au lieu de la tension, on utilise : $R = \frac{P}{I^2}$

Dans ce qui suit, nous verrons comment l'équation 1-3 peut être utilisée dans l'analyse des circuits et des lois dites de Kirchhoff, puis nous aborderons les problèmes d'application du circuit série-parallèle, qui sont 1-basés sur l'équation 1-4 . Ces deux équations, comme nous le verrons dans la suite, sont la base de l'analyse des circuits. C'est pourquoi il était si important de discuter de ces équations dans cette première section. Si vous n'avez pas encore bien compris ces équations de base, il est préférable de relire brièvement la première section afin d'acquérir une bonne compréhension pour résoudre les problèmes qui suivent.

## 2.4 La convention de signe passive

Avant de nous aventurer dans l'analyse de quelques exemples pratiques de circuits électroniques, nous traiterons d'abord dans ce chapitre des signes et de la convention dite des signes. Dans l'analyse des circuits, les ingénieurs électriciens utilisent une convention de signes (passif ou actif) pour faire correspondre les signes (c'est-à-dire + ou -) dans les calculs.

La **convention de signe passif** est la convention la plus couramment utilisée, nous l'utiliserons donc également dans ce livre pour analyser les circuits. La convention de signe passive stipule simplement que **la puissance des éléments passifs (c'est-à-dire des composants qui consomment de l'énergie - par exemple, des lampes ou des moteurs) est positive ("+" comme signe) et celle des éléments actifs (c'est-à-dire des composants qui dissipent de l'énergie - par exemple, une batterie ou un condensateur de décharge) est négative ("-" comme signe).** Cela signifie que pour l'équation 1-3 ($P = U \cdot I$ )qu'un appareil consomme de l'énergie si les signes de la tension et du courant correspondent ("+" fois "+" donne "+" ; "-" fois "-" donne également "+"). Si les signes de la tension et du courant sont différents ("+" fois "-" donne "-" ; s'applique aux deux sens), un appareil produit de l'énergie.

Les signes positifs et négatifs de la tension et du courant signifient qu'ils correspondent ou non à la **direction de référence**. Cela signifie que le courant et la tension se déplacent dans la direction de la référence ou s'en éloignent. La référence est souvent appelée **terre** ($\equiv$) et est souvent considérée comme le pôle négatif électrique. La référence est comme une origine (avec une valeur de zéro) et sert de point de départ aux calculs. Pour illustrer cela, prenons un petit exemple en utilisant la figure 3 du chapitre précédent.

Dans la figure 3 (nous regardons le côté gauche), pour la source de tension représentée par le symbole de la batterie, le courant est *négatif* car il s'éloigne de la référence (masse $\equiv$ ; voir les flèches vertes), c'est-à-dire dans la direction négative. Pourquoi le courant circule-t-il dans cette direction ? Parce que le courant technique circule toujours du "+" au "-". La tension, par contre, est *positive parce que le* signe négatif de la source de tension correspond à la référence, et donc la puissance P ($= +U \cdot -I$) est négatif.

De la même manière, pour la lampe (un élément passif), la tension est *positive (coïncide* avec la référence) et le courant est également *positif* (se déplace vers la référence), et donc la puissance P ($=+U \cdot +I$) est positif. La lampe consomme de l'énergie selon la convention. La convention du signe passif est assez intuitive et c'est pourquoi elle est souvent utilisée. En termes très simples, ici le courant conventionnel est négatif lorsqu'il passe du côté négatif au côté positif de la batterie, ce qui signifie qu'un travail est effectué sur celle-ci.

## 2.5 Analyse des circuits de courant continu

Dans cette section, nous aborderons certaines méthodes couramment utilisées (lois de Kirchhoff, analyse du courant de maille, analyse de la tension de nœud) pour résoudre les circuits. Résoudre des circuits signifie calculer les paramètres inconnus et souhaités tels que les tensions et les courants à partir de valeurs déjà connues / données. Nous commençons par les termes du circuit, puis nous apprenons les différentes lois et méthodes de manière intuitive. Dans cette section, nous traiterons d'abord du **courant continu** (CC). Il existe également un courant **alternatif** (CA). La différence entre le courant continu et le courant alternatif est essentiellement que le courant continu circule toujours dans le même sens. Le sens du courant alternatif, en revanche, change, comme nous le verrons plus en détail dans l'un des prochains chapitres. Par ailleurs, il existe également un courant dit **mixte,** qui résulte d'une composante de courant continu et d'une composante de courant alternatif, c'est-à-dire d'une superposition. Cependant, nous n'en parlerons pas ici.

## 2.5.1 Termes relatifs aux circuits

Les composants électriques peuvent être considérés comme un type de petit dispositif (par exemple, une batterie ou un condensateur) qui est traité comme une entité distincte du reste du circuit. Chaque élément possède en fait une certaine résistance qui lui est propre en raison du matériau et des fils qu'il contient. Cependant, nous utilisons des **éléments idéalisés (éléments localisés)** pour analyser les circuits. Un élément idéalisé est simplement un composant constitué de deux bornes si courtes que la résistance à travers le fil conducteur est nulle.

Dans un circuit électrique, un **nœud est un** point qui sépare deux éléments électriques. Il existe des **mailles ou des boucles** où le courant part d'un point, suit une trajectoire circulaire et revient. Dans la figure 4 (chapitre suivant), les points "A", "B", "C" et "G" (sol) représentent des nœuds. De la même manière, les courants "A" et "B" (bleu) représentent deux boucles.

Un élément peut être **linéaire ou non linéaire**. Un élément est linéaire s'il suit la loi d'Ohm, c'est-à-dire la relation courant-(I)-tension-(U) (par exemple, une simple résistance). Les dispositifs semi-conducteurs tels que les transistors, que nous apprendrons à connaître dans l'un des prochains chapitres, ne suivent pas la loi d'Ohm et entrent donc dans la catégorie des éléments non linéaires. Dans ce chapitre, cependant, nous n'analyserons que les circuits avec des éléments linéaires.

Un circuit électrique est constitué d'**éléments passifs et actifs**, définis comme des dispositifs qui consomment (par exemple, une lampe) ou émettent (par exemple, une batterie) de l'électricité. Nous avons déjà appris cela dans la convention des signes passifs. Certains éléments actifs dépendent également d'autres sources de courant et sont donc appelés **sources dépendantes.** Les sources dépendantes sont normalement utilisées pour l'analyse des amplificateurs et fonctionnent donc avec un terme de gain multiplié par le courant / la tension d'une source indépendante. Dans l'analyse simple, nous n'utilisons que des **sources indépendantes** et traitons les éléments passifs à l'aide des équations que nous connaissons déjà.

### 2.5.2 Les deux lois de Kirchhoff (KCL & KVL)

Pour l'analyse des circuits, on utilise les lois de Kirchhoff, que nous allons apprendre à connaître dans ce chapitre. Comme nous le savons déjà, dans un conducteur électrique, le courant est simplement un flux de charges. La **loi du courant de Kirchhoff (KCL)** est maintenant simplement définie comme suit : La somme de tous les courants qui circulent dans un nœud est toujours égale à zéro. Comment pouvons-nous appliquer cette loi à notre circuit de la figure 4 ? A l'aide de l'équation 1-8, que nous pouvons facilement établir pour le noeud "A" comme suit : Un courant $I_{CA}$ circule du noeud "C" vers le noeud "A", nous écrivons donc $+I_{CA}$ et deux courants $I_{AG}$ & $I_{AB}$ s'éloignent du noeud "A", nous ajoutons donc $-I_{AG}$ ainsi que $-I_{AB}$. Comme vous l'avez peut-être déjà remarqué, dans ce livre, nous ajouterons un signe positif aux courants qui se déplacent vers les nœuds et un signe négatif aux courants qui s'éloignent d'un nœud.

$$I_{CA} - I_{AG} - I_{AB} = 0 \Rightarrow I_{CA} = I_{AG} + I_{AB} \qquad\qquad 1\text{-}8$$

Si nous réorganisons l'équation 1-8, nous pouvons également voir que le courant $I_{CA}$ résulte de l'addition des deux autres courants. Ainsi, pour résoudre ce circuit, nous avons seulement besoin des valeurs de ces courants.

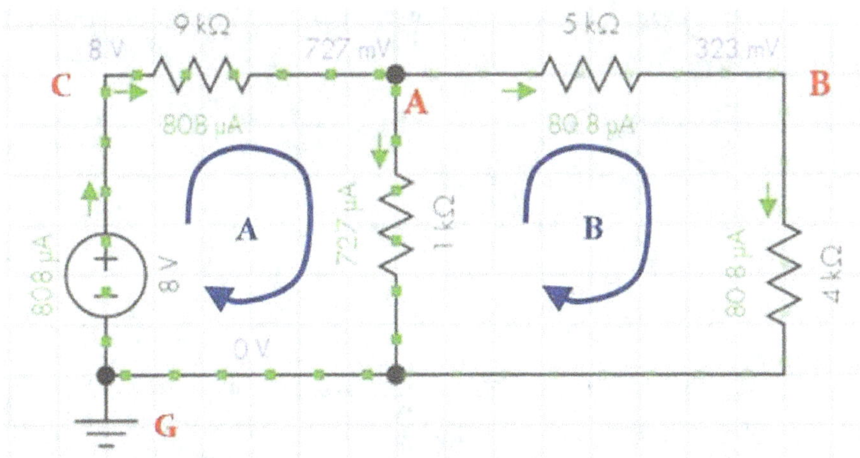


*Figure 4 : Un circuit avec une alimentation, quatre résistances, deux boucles (bleu) et 3+1 noeuds (rouge).*

La **loi de tension de Kirchhoff (KVL)** est relativement similaire à la loi de courant, en termes simplifiés elle est définie comme : **La somme des tensions dans un circuit est toujours égale à zéro**. Cela signifie que dans tout circuit, la tension des éléments passifs s'équilibre toujours avec la tension des éléments actifs, de sorte que leur somme est toujours égale à zéro. Selon la convention de signe passive, la tension de la source de courant est définie comme négative. Ainsi, exprimée en une équation, cette loi de tension est pour le circuit de la figure 4 :

$$U_{CA} + U_{AB} + U_{AG} + U_{BG} - U_{CG} = 0 \qquad\qquad 1\text{-}9$$
$$\Rightarrow U_{CA} + U_{AB} + U_{AG} + U_{BG} = U_{CG}$$

### 2.5.3 L'analyse du flux de maillage

L'analyse du courant de maille est une méthode qui utilise la loi de tension de Kirchhoff (KVL), que nous avons apprise précédemment, pour résoudre les variables d'un circuit. Dans notre exemple, si les courants de boucle inconnus ("A" et "B" en bleu - Figure 4) sont multipliés par des résistances (mot clé : loi d'Ohm), la somme des tensions résultantes de tous les éléments est égale à zéro. Voyons cela à l'aide d'un calcul de notre exemple :

<u>Exemple 2</u>

**Utilisez la méthode du courant de maille pour <u>déterminer</u> toutes les variables inconnues du circuit de la figure 4, étant donné uniquement la tension de la source (8 V) et les résistances (1, 9, 5 et 4 kΩ).**

<u>Boucle A :</u>

Il y a ici trois éléments avec deux courants ($I_A$ et $I_B$) qui circulent à travers une résistance de 1 kΩ. Pour la boucle A, en raison de la convention de signe passive dans cette boucle, I est positif alors que I est négatif, et nous pouvons établir l'équation KVL comme suit :

$$-8\,V + I_A \cdot 9\,k\Omega + I_A \cdot 1\,k\Omega - I_B \cdot 1\,k\Omega = 0$$

$$\Rightarrow 10\,k\Omega \cdot I_A - 1\,k\Omega \cdot I_B = 8\,V \qquad\qquad (1)$$

<u>Boucle B :</u>

$$I_B \cdot 1\,k\Omega - I_A \cdot 1\,k\Omega + I_B \cdot 5\,k\Omega + I_B \cdot 4\,k\Omega = 0$$

$$\Rightarrow 10\,k\Omega \cdot I_B - 1\,k\Omega \cdot I_A = 0 \qquad\qquad (2)$$

<u>Résoudre l'équation (1) avec (2) en résolvant (2) en $I_B$ et en l'insérant dans (1) :</u>

$$I_B = \frac{1\,k\Omega \cdot I_A}{10\,k\Omega} \quad \rightarrow \quad \text{in (1): } 10\,k\Omega \cdot I_A - 1\,k\Omega \cdot \frac{I_A}{10} = 8\,V$$

$$\Rightarrow \frac{100}{10}\,k\Omega \cdot I_A - \frac{1}{10}\,k\Omega \cdot I_A = 8\,V \Rightarrow 9{,}9\,k\Omega \cdot I_A = 8\,V$$

$$\Rightarrow I_A = 8\,V\,/\,9900\,\Omega \Rightarrow I_A = 0,000808\,A = 0,808\,mA = 808\,\mu A$$

$$\Rightarrow U_{CA} = 808\,\mu A \cdot 9\,k\Omega = 7,272\,V$$

et avec (2)

$$I_B = \frac{1k\Omega \cdot 0,000808\,A}{10\,k\Omega} = 0,0000808\,A = 0,0808\,mA = 80,8\,\mu A$$

$$\Rightarrow U_{AB} = 80,8\,\mu A \cdot 5\,k\Omega = 0,404\,V$$

$$\Rightarrow U_{BG} = 80,8\,\mu A \cdot 4\,k\Omega = 0,3232\,V$$

La tension dans la résistance du milieu est :

$$I_{AG} = I_1 - I_2 = (808 - 80,8)\,\mu A = 727,2\,\mu A$$

$$\Rightarrow U_{AG} = 727,2\,\mu \cdot 1\,k\Omega = 0,7272\,V$$

Notez que la somme de tous les courants d'un nœud est également égale à zéro. Cela nous permet de vérifier nos résultats. Faites bien attention aux unités lorsque vous calculez !

## 2.5.4 L'analyse des contraintes nodales (analyse nodale)

Nous pouvons voir dans l'exemple ci-dessus que la tension d'un élément peut être égale à la différence de ses nœuds de connexion. Par exemple, $U_{CA}$ est égal à $U_C - U_A = 8\,V - 0{,}7272\,V = 7{,}272\,V$ (voir également la figure 4). Cette déclaration constitue la base de l'**analyse des contraintes du nœud**. Dans notre cas, nous pouvons écrire généralisé :

$$U_{CA} = U_{CG} - U_{AG} = U_G - U_A \qquad\qquad 1\text{ -}10$$

Dans l'analyse de la tension de nœud, contrairement à l'analyse du courant de maille présentée précédemment, nous résolvons les circuits en utilisant la loi des courants de Kirchhoff (KCL). Lorsque nous déterminons les courants circulant dans chaque nœud, nous obtenons des équations de nœud, qui nous donnent ensuite les résultats souhaités lorsqu'elles sont résolues. Pour le circuit de la figure 4, il y a trois (4 - 1 = 3) équations indépendantes à résoudre. Il y a 4 nœuds, mais nous excluons le nœud de masse "G" car il ne s'agit pas d'une équation indépendante. Ces trois équations sont suffisantes pour résoudre les trois variables inconnues : $u_A$, $U_B$ et $u_C$. Ces équations pour le circuit de la figure 4 sont :

| | |
|---|---|
| **Nœud A :** | $I_{CA} - I_{AG} - I_{AB} = 0$ |
| **Nœud B :** | $I_{AB} - I_{BG} = 0$ |
| **Nœud C :** | $I_{GC} - I_{CA} = 0$ |

Comme vous pouvez le constater, nous avons utilisé ici la convention des signes passifs pour les signes des flux. Les courants se rapprochant des références (nœud A, nœud B et nœud C) sont positifs et les courants s'éloignant des références sont négatifs. Enfin, nous pouvons utiliser la loi d'Ohm. $I = \frac{U}{R}$ et l'équation 1-10 pour résoudre la tension aux trois noeuds. Cependant, nous verrons comment le faire plus simplement dans le prochain chapitre !

## 2.5.5 Circuits équivalents

À l'aide des deux règles simples que nous avons apprises précédemment, nous pouvons analyser n'importe quel circuit électrique. Mais parfois, il peut être fastidieux de résoudre une équation pour chaque circuit, comme c'est le cas dans notre exemple de la figure 4. Il est ici beaucoup plus facile d'utiliser des circuits équivalents. Les circuits équivalents réduisent les circuits complexes en une forme simple pour faciliter le calcul. Le circuit de la figure 4, par exemple, peut être réduit à une seule source de tension et une résistance. Pour cela, nous utilisons des circuits dits en série et en parallèle.

Un circuit **en série** est un circuit dans lequel deux éléments ont un nœud commun ou, plus simplement, sont disposés en série, alors que dans un **circuit parallèle**, **chaque élément** a deux nœuds de connexion indépendants ou, plus simplement, les éléments sont disposés en parallèle. La figure 4 montre des résistances connectées en série et en parallèle. Il est parfois difficile de déterminer si les éléments sont connectés en série ou en parallèle. Cependant, les définitions ci-dessus basées sur les nœuds peuvent nous aider à faire face à de telles situations.

## 2.5.6 Propriétés de la connexion série et parallèle

Si nous imaginons des résistances connectées en série ou également en série, chaque résistance entraverait le passage du courant lorsque celui-ci la traverse. La résistance totale ou la **résistance équivalente des** résistances individuelles dans un circuit en série est donc obtenue en additionnant les résistances individuelles. Dans un circuit parallèle de résistances, en termes simples, le courant se divise sur chaque trajet. La somme des valeurs de conductance (la valeur de conductance est l'inverse d'une résistance, c'est-à-dire 1/R) des différentes voies est donc égale à la valeur de conductance totale.

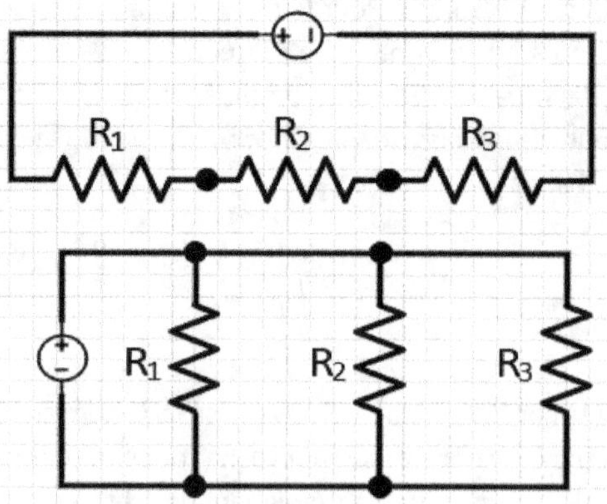


*Figure 5 : Résistances connectées en série (en haut) et en parallèle (en bas)*

**SÉRIE:** $$R_{total} = R_1 + R_2 + R_3 \qquad \text{1 -11}$$

**PARALLÈLE:** $$G_{total} = G_1 + G_2 + G_3 \qquad \text{1 -12}$$

$$\Rightarrow \frac{1}{R_{total}} = \frac{1}{R_1} + \frac{1}{R_2} + \frac{1}{R_3} \; ; \; pour\ deux\ résistances : \frac{R_1 \cdot R_2}{R_1 + R_2}$$

Dans notre exemple de la figure 4, les résistances de 5 kΩ et 4 kΩ (zone de droite) sont connectées en série l'une avec l'autre et cette connexion en série est connectée en parallèle avec la résistance de 1 kΩ résistance (milieu de gamme). En outre, un dispositif de 9 kΩ (en haut à gauche) est également connectée en série. Avec ces formules, nous pouvons réduire le circuit de la figure 4 comme suit (note : || signifie parallèle) :

$$((5k\Omega + 4k\Omega)||(1k\Omega)) + 9k\Omega = (9k\Omega||1k\Omega) + 9k\Omega$$

$$\Rightarrow (\frac{9\ k\Omega \cdot 1\ k\Omega}{9\ k\Omega + 1\ k\Omega}) + 9k\Omega = 9{,}9\ k\Omega$$

En multipliant les équations 1-11 et 1-12 par la tension, on constate que **dans le circuit en série, la tension s'additionne, tandis que dans le circuit en parallèle, le courant s'additionne.** Ceci est facile à comprendre si l'on considère que chaque résistance réduit l'énergie du courant et que le courant dans un circuit parallèle emprunte des chemins différents, mais la somme de ceux-ci doit correspondre au courant total, car au final le courant ne fait que se diviser mais n'augmente pas. Comme la conductance du chemin ayant la plus faible résistance est la plus élevée dans le circuit parallèle, plus de courant circule dans ce chemin. Si les trois résistances sont égales, une quantité égale de courant circule dans les trois. En général, lors de l'analyse d'un circuit, comme dans le cas du circuit parallèle, il est plus pratique de simplement appliquer les équations 1-11 & 1-12 plutôt que d'effectuer l'analyse des nœuds ou du réseau. Pour ce faire, redessinez les circuits et utilisez la loi d'Ohm pour les inconnues. Examinons l'exemple suivant pour plus de clarté :

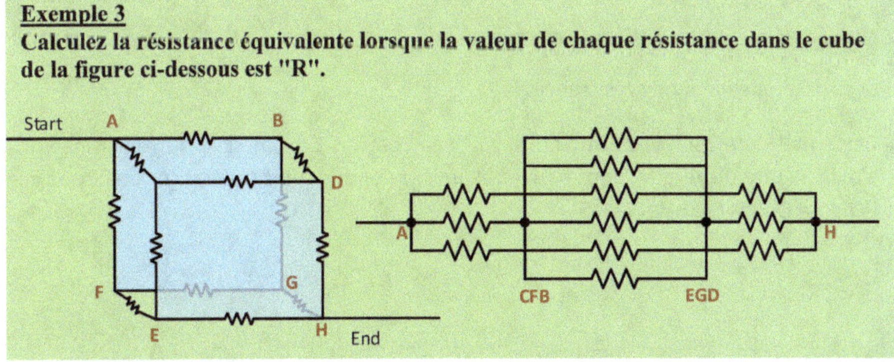

Nous pouvons convertir ce cube en un circuit équivalent comme indiqué sur le côté droit de la figure. Nous pouvons maintenant voir que les résistances sont connectées en série et en parallèle. Par conséquent, nous pouvons maintenant établir les équations correspondantes pour la résistance équivalente ($R_{eq}$).

De A-(CFB) :

$$\frac{1}{R_{eq_1}} = \frac{1}{R} + \frac{1}{R} + \frac{1}{R}$$

$$\Rightarrow R_{eq_1} = \frac{R}{3}$$

Notez que pour "n" résistances connectées en parallèle, l'équivalent est égal à R/n, puisque le courant total est distribué de manière égale sur chaque trajet.

De CFB-EGD :

$$R_{eq_2} = \frac{R}{6}$$

De GDE-H :

$$R_{eq_3} = \frac{R}{3}$$

Nous voyons donc qu'ils sont tous connectés en série :



les résultats : $$R_{eq} = R_{eq_1} + R_{eq_2} + R_{eq_3} = \frac{2R}{3} + \frac{R}{6} = \boxed{\frac{5R}{6}}$$

Puisque le circuit de l'exemple ci-dessus a maintenant été converti en une seule résistance équivalente, nous pouvons appliquer la loi d'Ohm ($U = R \cdot I$ ou réécrit $R = \frac{U}{I}$ ou $I = \frac{U}{R}$ ) pour déterminer la tension ou le courant. Par exemple, si l'alimentation connectée est de 12 V, alors le courant est de $I = \frac{12V}{\frac{5R}{6}} = \frac{12V}{5R} \cdot 6$. "R" est un substitut fictif pour une valeur de résistance.

Cette méthode est assez simple, mais il peut parfois être difficile de redessiner un circuit. À titre d'exercice, vous pouvez examiner comment les résistances du circuit de la figure 6 sont connectées.

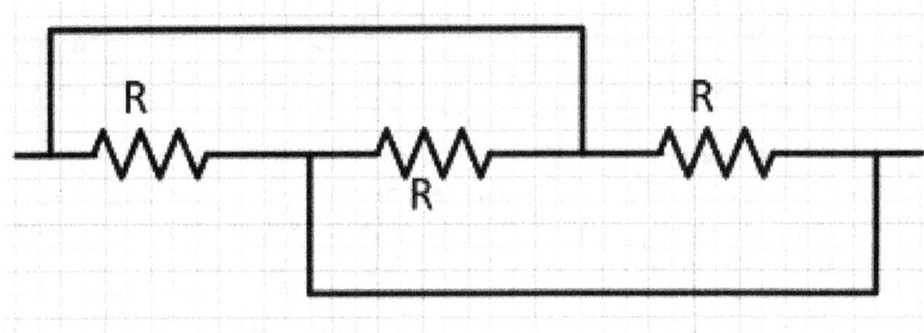

*Figure 6 : Comment ces résistances sont-elles connectées ?*

Nous ne pouvons pas résoudre tous les problèmes avec des résistances équivalentes ou de substitution. Il est donc important de connaître les techniques d'analyse KCL et KVL déjà présentées. En outre, il existe d'autres théorèmes ou même des relations que les ingénieurs ont trouvés pour faciliter la résolution des problèmes. Dans cette section, nous aimerions nous familiariser avec la **règle du diviseur de tension et de courant** avant de passer au chapitre suivant, l'électronique. Outre la règle du diviseur de tension et de courant, il existe également les théorèmes de Thevinen, de Norton et de superposition, qui sont aussi fréquemment utilisés en analyse. Toutefois, ces questions sortent du cadre de ce livre pour débutants et ne sont donc pas abordées.

Pour vous familiariser avec le concept de la règle de division de la tension et du courant, considérez le problème suivant : la tension se divise dans un circuit en série parce que les résistances empêchent l'énergie des charges qui circulent, mais de combien se divise-t-elle si les résistances ont des valeurs différentes ? Pour une série simple avec les résistances $R_1$ et $R_2$ et la tension source $U_s$, nous pouvons résoudre ce problème avec KVL comme suit :

$$R_{total} = R_1 + R_2$$
$$I = \frac{U_s}{R_1 + R_2} = \frac{U_{R_2}}{R_2}$$

$$\Rightarrow U_{R_2} = U_s\left(\frac{R_2}{R_1 + R_2}\right)$$

**Diviseur de tension:**
$$U_{R_1} = U_s\left(\frac{R_1}{R_1 + R_2}\right)$$

1 -13

De même, le courant se divise en parallèle, et pour le diviseur de courant, nous pouvons utiliser KCL à un nœud de deux résistances $R_1 \,||\, R_2$, avec un courant $I_s$. Le résultat es:

**Diviseur de courant**
$$\Rightarrow I_{R_1} = I_s\left(\frac{R_2}{R_1 + R_2}\right)$$

$$I_{R_2} = I_s\left(\frac{R_1}{R_1 + R_2}\right)$$

1 -14

# 3 Bases de l'électronique

Dans le chapitre précédent, nous avons examiné les bases, les désignations et les relations des systèmes électriques. Nous avons abordé les techniques d'analyse de base des circuits, telles que les lois de Kirchhoff ou les règles de maillage et de nœuds. Il s'agit d'éléments de circuits actifs qui contrôlent des variables (comme le courant) par le biais d'éléments passifs. Dans ce chapitre, nous allons aborder les bases de l'électronique, un domaine principal de l'ingénierie électrique.

Depuis le début, les humains ont essayé de développer des outils pour les aider à survivre. À notre époque, nous pouvons facilement acheter tout ce dont nous avons besoin pour survivre. La simple survie est passée au second plan et le désir de vivre une vie aussi confortable et heureuse que possible est passé au premier plan. Entre-temps, notre société a tellement progressé que nous disposons même de machines pour effectuer des tâches répétitives de manière automatisée. Pensez à votre machine à laver ou à un lave-vaisselle, par exemple. Du simple interrupteur électrique au dispositif de communication complexe (téléphone portable), notre électronique a évolué. L'électronique consiste également à contrôler les choses, ce que nous pouvons faire, en termes descriptifs, en manipulant le flux d'électrons à travers divers dispositifs de manière analogique et numérique.

Dans le dernier chapitre, nous avons contrôlé le courant par le biais d'éléments passifs. Par exemple, si nous avons besoin de 5 V à partir d'une batterie de 12 V, il suffit de connecter deux résistances de 1 kΩ et 715 Ω en série. Nous pouvons maintenant le calculer assez facilement avec l'équation 1-13.

En électronique analogique, nous utilisons des éléments passifs pour le contrôle. Cependant, il peut s'avérer difficile - selon les besoins - de concevoir des circuits uniquement de manière analogique. L'avantage est que le dispositif électronique équivalent d'un circuit analogique peut également être conçu de manière numérique. La base de l'électronique numérique est constituée d'opérations de commutation simples. L'ordinateur est l'un des meilleurs exemples de ces opérations de commutation et de l'électronique numérique. Les applications que nous offre un ordinateur moderne sont réalisées au moyen d'opérations de commutation effectuées par des millions de transistors. Dans ce chapitre, nous traiterons principalement de ces dispositifs de commutation. Toutefois, dans ce chapitre, nous nous pencherons également brièvement sur les condensateurs et les inductances pour la conception de circuits analogiques.

L'invention de la radio à la fin du XIXe siècle est généralement considérée comme le début de l'ère électronique. La technologie de la radio a utilisé pour la première fois les ondes électromagnétiques d'une manière très spécifique, à savoir pour la communication. Plus tard, après l'invention des transistors en 1947, l'ère des applications à commande numérique (par exemple, les ordinateurs) est apparue. Dans le monde d'aujourd'hui, l'électronique ne cesse de se développer. Chaque année, des circuits plus compacts, dotés d'une puissance de calcul et d'une efficacité accrues, sont mis au point, ce qui conduit à un monde plus contrôlé et automatisé. Les applications de l'électronique sont désormais innombrables et nous en trouvons partout, dans nos foyers, dans la rue et dans les bureaux. De nombreux composants électroniques se combinent pour créer une grande variété d'appareils, tels que des téléphones portables, des tablettes, des téléviseurs mais aussi de simples lampadaires. Il est difficile d'imaginer le monde technologique d'aujourd'hui sans électronique.

Dans ce chapitre, nous aborderons d'abord les bases de l'électronique, puis nous aurons une introduction à des composants spécifiques tels que les diodes, les transistors, etc.

## 3.1 Principes fondamentaux des semi-conducteurs

Les principes de base suivants peuvent entrer dans un peu plus de détails et peuvent être un peu plus difficiles à comprendre si vous les lisez pour la première fois et en fonction de vos connaissances préalables. Néanmoins, il est utile d'avoir entendu au moins une fois les termes importants (en gras) en rapport avec les semi-conducteurs. Il n'y a pas de honte à ne pas tout comprendre ou à ne comprendre qu'un peu à la première lecture. Il suffit de lire ces sections deux ou trois fois et de persévérer. D'autres exemples pratiques suivront dans les chapitres suivants.

En mécanique quantique, on décrit les électrons d'un atome, répartis dans des **coquilles. Les** coquilles sont classées par un nombre appelé le **nombre quantique principal.** Chaque coquille a ses **sous-coquilles** dans lesquelles les électrons ont le même **nombre quantique principal** (décrivant à nouveau les sous-coquilles). Chaque élément du tableau périodique a un numéro atomique différent et donc un nombre d'électrons différent. Chaque électron d'un atome possède son propre état énergétique. Lorsqu'un électron est excité, il se déplace vers une enveloppe d'énergie supérieure de l'atome (**modèle atomique de Bohr** et **théorie des bandes d'énergie**). Les électrons de la coquille la plus externe occupée (coquille de valence) ont l'énergie la plus élevée par rapport aux autres coquilles. Lorsque la température augmente ou qu'un certain potentiel est appliqué à un élément, les électrons de la bande de valence sont excités et passent à un niveau supérieur/bande de conduction. C'est là que le courant commence à passer. Les électrons de valence des différents éléments ont besoin de différentes quantités d'énergie pour être excités hors de la bande de valence.

Les atomes ayant moins de liaisons dans leur coquille de valence sont les plus conducteurs. Dans une certaine mesure, cela dépend également de propriétés telles que l'énergie d'ionisation, l'électronégativité et le rayon atomique des éléments. Les éléments du groupe 11 du tableau périodique ne possèdent qu'un seul électron dans leur coquille de valence. Par conséquent, bien qu'ils aient une énergie d'ionisation élevée et un petit rayon, ils sont plus conducteurs. Dans le groupe 11, l'argent est plus conducteur que le cuivre car il a un grand rayon. L'or, en revanche, est moins conducteur en raison de son énergie d'ionisation (IE) élevée. Le silicium (Si), par exemple, est utilisé pour les semi-conducteurs.

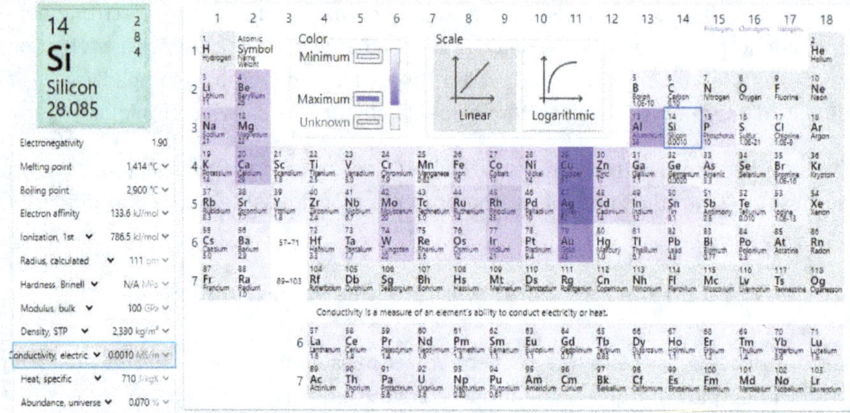

*Figure 7 : Propriétés du silicium (Si) (à gauche)*
*Tableau périodique à l'échelle de la conductivité des éléments (à droite) ; (Source : https://ptable.com)*

Les éléments semi-conducteurs appartiennent au groupe IVA du tableau périodique, ils possèdent donc quatre électrons dans leur coquille la plus externe. Les électrons de valence forment normalement quatre liaisons covalentes avec les atomes de silicium voisins, ce qui donne un réseau en forme de cristal, car l'énergie d'ionisation augmente avec la période et diminue de haut en bas. Les éléments semi-conducteurs se situent entre ces deux tendances. Ainsi, contrairement aux conducteurs et aux isolants, quitter la bande de valence n'est ni trop facile ni trop difficile pour les semi-conducteurs. Cela signifie qu'ils peuvent conduire l'électricité, mais contrairement aux conducteurs, les électrons des semi-conducteurs ne créent pas trop de turbulences lorsqu'un potentiel est appliqué. Ainsi, au lieu d'un gain de résistance, les semi-conducteurs augmentent leur conductivité.

### 3.1.1 Le dopage des semi-conducteurs

Chaque fois qu'un électron de la couche de valence (électron de la couche la plus externe occupée) du réseau de surface du silicium quitte la bande de valence, un trou (charge positive) se forme à sa place dans l'atome. Si nous appliquons maintenant un potentiel électrique, les électrons passent d'un potentiel faible à un potentiel élevé, tandis que les trous font exactement le contraire. Dans les semi-conducteurs, le courant total est simplement la somme des courants des électrons et des trous.

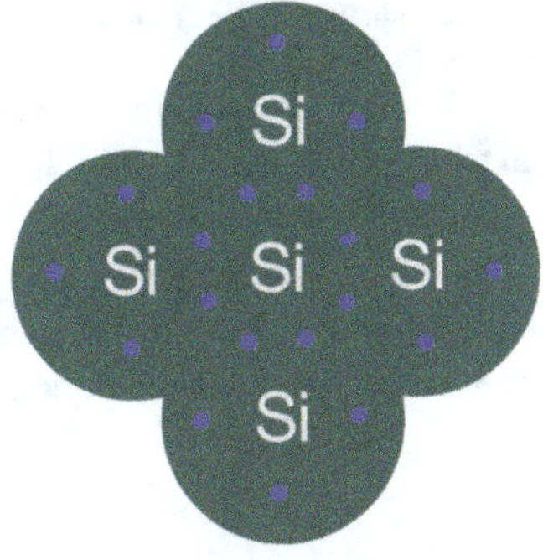


Les éléments semi-conducteurs **intrinsèques** (purs / non dopés) ne possèdent que quelques électrons et ne peuvent donc pas en libérer un trop grand nombre vers la bande de conduction. Le réseau cristallin du silicium (voir figure ci-dessus à droite) est une structure parfaitement liée, c'est-à-dire que pour libérer certains électrons de la bande de valence vers la bande de conduction, il faut davantage d'énergie. Pour obtenir davantage d'électrons ou de trous libres, on a souvent recours au **dopage** des éléments semi-conducteurs. On peut obtenir un électron libre supplémentaire en liant chaque élément de Si avec un atome du groupe VA (5 électrons de valence), comme le phosphore (appelé atome **donneur également atome donneur / atome donneur**). C'est ce qu'on appelle le **dopage de type n**, car dans ce cas, on obtient une charge plus négative. La figure 8 (droite) montre le dopage de type n. Ici nous voyons un électron libre supplémentaire laissé par le phosphore, laissant un ion positif. Cet électron agit comme un porteur de charge libre et se déplace là où le potentiel l'amène.

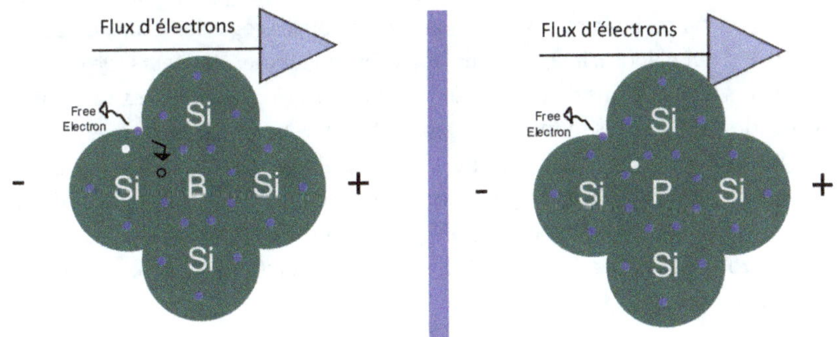


*Figure 8 : Structure atomique du Si sous potentiel (tension).*
*à gauche : dopage de type p - l'électron libre du silicium remplit le trou du bore et diminue la conductivité à droite : dopage de type n - l'électron supplémentaire du phosphore augmente la conductivité.*

Si nous connectons maintenant ce silicium avec un atome du groupe IIIA du tableau périodique (3 électrons de valence), comme le bore (atome **accepteur / atome**

25

**récepteur**), une charge plus positive est générée. C'est ce qu'on appelle le **dopage de type p.** Ici, les trous agissent comme des porteurs de charges libres car il n'y a qu'un nombre limité d'électrons.

Les éléments semi-conducteurs dopés sont généralement appelés semi-conducteurs **extrinsèques** (impurs). Un semi-conducteur intrinsèque possède le même nombre d'électrons et de trous. ($n = p$)tandis que le type n a une prédominance d'électrons et le type p une prédominance de trous. Si nous combinons ces deux types (type n et type p), le nombre d'électrons et de trous redevient égal. Cette combinaison de semi-conducteurs de type donneur et accepteur est appelée **jonction PN.**

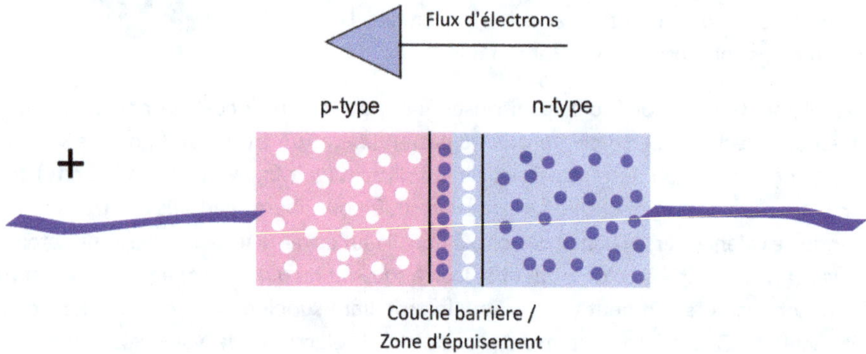


*Figure 9 : Diode (semi-conducteurs dopés de type n et de type p combinés) connectée à l'alimentation électrique. Trous libres (blanc) & électrons libres (bleu)*

## 3.1.2 La diode à jonction PN

La combinaison de ces deux types de semi-conducteurs (type p, type n) présente une propriété importante. Pour mieux l'imaginer, vous pouvez regarder le flux de courant de la figure 9. Tout d'abord, imaginez des trous libres d'atomes donneurs (de type p) se déplaçant vers les électrons de type n. Au fur et à mesure que ceux-ci se rassemblent dans la région de type n, ils repoussent davantage de trous, ce qui crée une résistance dans le flux de trous vers les électrons de type n libres. De la même manière, les électrons libres de type n créent également cette résistance lorsqu'ils passent du type n au type p. Une fois l'équilibre atteint, un gradient appelé **zone d'appauvrissement / jonction ou zone de charge d'espace (RLZ) est** créé, qui arrête le flux d'électrons et de trous entre les régions.

Dans votre imagination, connectez maintenant le type p / anode au pôle positif de la batterie et le type n / cathode au pôle négatif (comme indiqué sur la figure 9). L'augmentation du potentiel fait entrer davantage d'électrons de type n dans la bande de conduction. Lorsque cette masse d'électrons se dirige vers la borne positive de la batterie, elle traverse la jonction (zone d'épuisement) et le flux de courant dans le circuit commence. Cette condition est appelée **biais avant ("forward bias"). La** traversée de cette zone d'appauvrissement / jonction pour la polarisation directe nécessite 0,7 V pour les semi-conducteurs en silicium et 0,3 V pour les semi-conducteurs en germanium.

En revanche, la connexion du pôle négatif au type p et du pôle positif au type n ne permet jamais de franchir la barrière (jonction), mais la rend plus large. Dans ce cas, aucun courant ne peut circuler. C'est ce qu'on appelle le **biais inverse / la direction inverse ("reverse bias").** Avec une polarisation inverse, le courant ne circule jamais. Néanmoins, une forte augmentation de la tension peut rompre toute la jonction en un point, ce qui est appelé **tension de claquage.** Les courbes avant et arrière sont présentées à la figure 10. Ici, la tension est sur l'axe des x (horizontal) et le courant sur l'axe des y (vertical). Le rapport entre le courant et la tension en marche avant (polarisation avant) et en marche arrière (polarisation arrière) peut donc être lu ici.

Cette jonction PN est communément appelée **diode** et est souvent utilisée en ingénierie pour le contrôle, car elle **ne permet au courant de circuler que dans un sens** (sens direct) et le bloque dans l'autre.

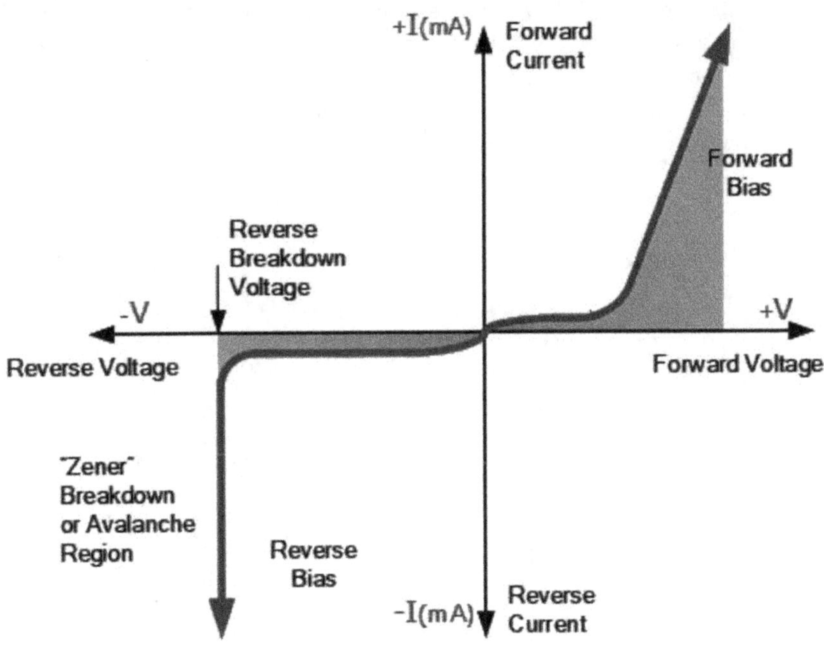


*Figure 10 : Courbe caractéristique des vitesses avant et arrière*

### 3.1.3 La diode électroluminescente (DEL / LED)

L'application la plus simple d'une diode est la LED. La LED (diode électroluminescente) est un dispositif semi-conducteur qui produit de la lumière lorsqu'il est alimenté. La lumière est produite lorsque le courant circule d'une source de courant continu vers la diode et à travers celle-ci. Comme une LED est un dispositif à semi-conducteurs, elle a également un sens direct. Cela signifie que le courant ne peut y circuler que dans cette direction. Si une DEL est mal connectée, aucune lumière ne sera produite. La couleur de la lumière et son caractère visible ou non (par exemple, infrarouge ; généralement déterminé par la longueur d'onde) sont contrôlés par le dopage et le matériau utilisé. Les deux principaux avantages des LED sont : a) leur longue durée de vie, b) leur faible consommation d'énergie. Par rapport aux anciennes lampes à incandescence, une LED peut atteindre une durée de vie de plusieurs 10 000 heures et a une bien meilleure efficacité. Pourquoi en est-il ainsi ? Les lampes à incandescence classiques produisent une énorme quantité de chaleur en plus de la lumière visible, c'est-à-dire que l'énergie dépensée n'est pas seulement convertie en lumière mais surtout en chaleur. Avec les LED, seule une petite quantité de chaleur est produite comme "déchet ou sous-produit" et la quasi-totalité de l'énergie peut être utilisée pour produire de la lumière. Il existe désormais différents types de LED. La conception la plus simple est présentée à la figure 11. Le cœur et aussi l'élément semi-conducteur réel de la LED représentée est la puce LED, qui est placée sur un réflecteur sur l'anode et émet la lumière. Le symbole de circuit d'une LED est constitué du symbole de circuit de la diode avec deux flèches obliques supplémentaires pour représenter l'émission de lumière.

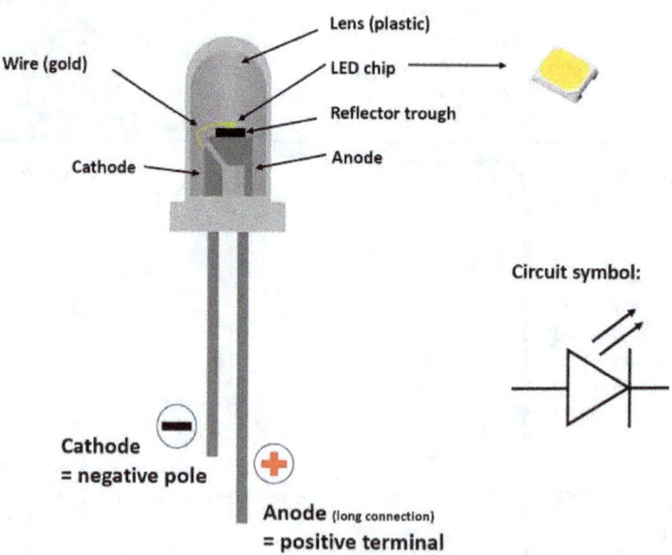


*Figure 11 : La structure d'une LED simple et le symbole de circuit d'une LED*

### 3.1.4 Résoudre des circuits avec des diodes

Pour résoudre un circuit avec des diodes, nous pouvons maintenant simplement considérer la diode comme un composant du circuit, puis utiliser KCL et KVL (règles de Kirchhoff, voir chapitres précédents) pour résoudre les variables inconnues. Il suffit de considérer une diode comme un composant qui absorbe une certaine quantité de tension (volts) (dans le cas du silicium, c'est 0,7 V), et d'appliquer KVL pour le courant. Cela signifie que la tension de sortie d'une diode Si connectée à une alimentation de 5 volts sera de 4,3 V. Dans les cas complexes, cependant, les solutions ne sont pas aussi simples que celles décrites dans ce livre pour débutants, car les diodes ont d'autres propriétés qui ne sont pas expliquées en détail ici mais qui ne sont que brièvement mentionnées ci-dessous. Par exemple, il existe un **courant de saturation, qui** donne des informations sur le flux de charge en sens inverse, et une **capacité de jonction,** qui est définie comme la capacité qui apparaît entre les plaques lorsqu'elles sont polarisées en sens inverse. Des paramètres comme ceux-ci sont importants lors de la simulation de circuits pratiques complexes avec des diodes.

### 3.2 Rectification et utilisation d'une diode

Outre les LED, il existe de nombreuses autres applications possibles d'une diode. Avant d'entrer dans les détails des dispositifs à semi-conducteurs importants tels que les transistors bipolaires (BJT) et les MOSFET (transistors à effet de champ à semi-conducteurs à oxyde métallique), il est important de comprendre le rôle de la diode dans le monde de l'électronique : Les diodes sont surtout utilisées pour le redressement, c'est-à-dire la conversion du courant alternatif en courant continu. Cependant, les utilisations d'une diode ne se limitent pas au redressement. Nous pouvons également les utiliser pour la mesure de la température, pour la reproduction du son dans les radios, comme déjà connu pour la génération de lumière (LED) et bien plus encore. Les diodes sont l'un des éléments les plus fondamentaux de l'électronique et se retrouvent dans presque toutes les applications qui nous entourent (par exemple, les diodes sont également utilisées dans les téléphones portables pour redresser les ondes radio modulées).

### 3.2.1 Redresseur demi-onde

Comme nous le savons déjà, une diode ne permet le passage du courant que dans un sens (vers l'avant) et bloque le passage dans le sens inverse. Cela se produit parce que davantage de porteurs de charge sont ajoutés à cette zone de déplétion dans le sens inverse (au lieu de traverser la jonction comme dans le sens direct) et cette zone s'élargit en conséquence. Ainsi, lorsqu'un signal oscillant passe par une diode, celle-ci ne renvoie que la moitié de ce signal d'entrée (la partie négative du signal est écrêtée). C'est ce qu'on appelle un redresseur demi-onde. Prenons un exemple concret :

Lorsqu'une onde carrée numérique (voir la figure 12, ci-dessus) traverse une diode, celle-ci ne laisse passer que la moitié positive. La figure 12 (ci-dessous) montre également le circuit et sa forme d'onde associée dans la zone avant et après la diode. Ici, un générateur d'ondes carrées d'une fréquence de 1 kHz et d'une amplitude comprise entre 1 V et -1 V a été utilisé. Nous pouvons voir cette forme d'onde dans l'onde violette (parties positive et négative) de la figure. Lorsque cette onde traverse la diode, celle-ci annule les valeurs négatives et délivre l'onde verte (uniquement les parties positives de 0 V à 1 V).

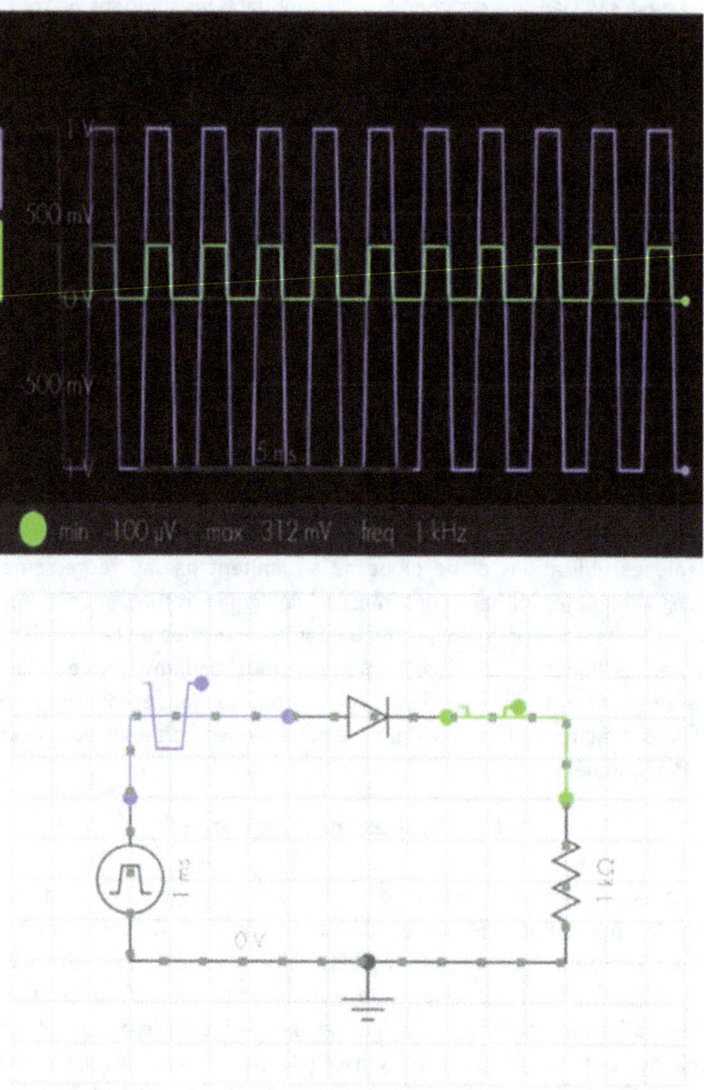


*Figure 12 : Redresseur demi-onde. L'onde carrée violette est l'entrée et l'onde carrée verte est la sortie.*

### 3.2.2 Redresseur pleine onde

Il est possible de convertir la moitié négative plafonnée du redresseur à une onde qui vient d'être présenté en une moitié positive. C'est ce qu'on appelle le redressement pleine onde. Pour ce faire, on utilise un circuit avec quatre diodes connectées en pont, parfois appelé **pont redresseur (à diodes)**. La figure 13 montre le schéma de ce circuit (ci-dessous) et le signal de sortie (ci-dessus). L'onde violette est la première demi-onde redressée et l'onde verte est la seconde demi-onde inversée (renversée). Le redressement demi-onde (chapitre précédent) est important car nous pouvons l'utiliser pour bloquer une direction, mais le redressement pleine onde a également une application. Avec un simple condensateur de filtrage, nous pouvons convertir cette onde violette et verte en une onde continue pure (voir figure 14). Nous avons donc créé un convertisseur de courant alternatif en courant continu, similaire à un UPS (uninterruptible power supply) pour charger les batteries à partir de l'alimentation en courant alternatif. La plupart des applications se situent dans le domaine de l'électronique de puissance.

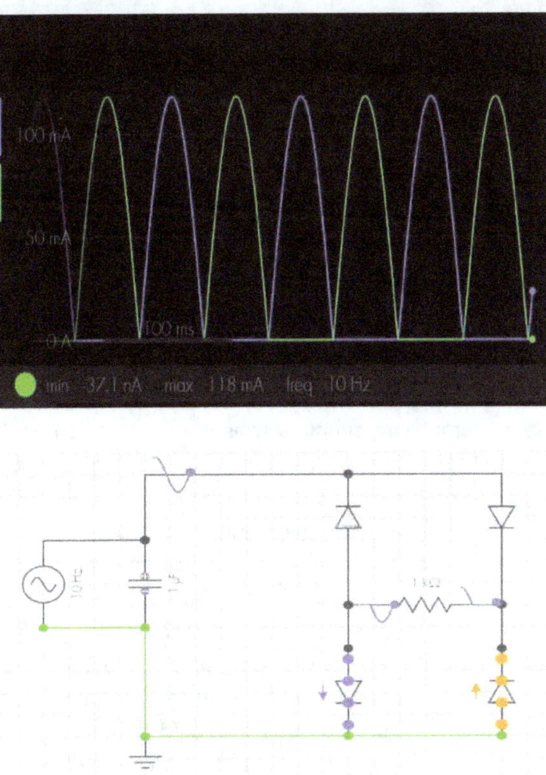

*Figure 13 : Redresseur pleine onde - deux ondes (violette et verte) du côté de la sortie.*

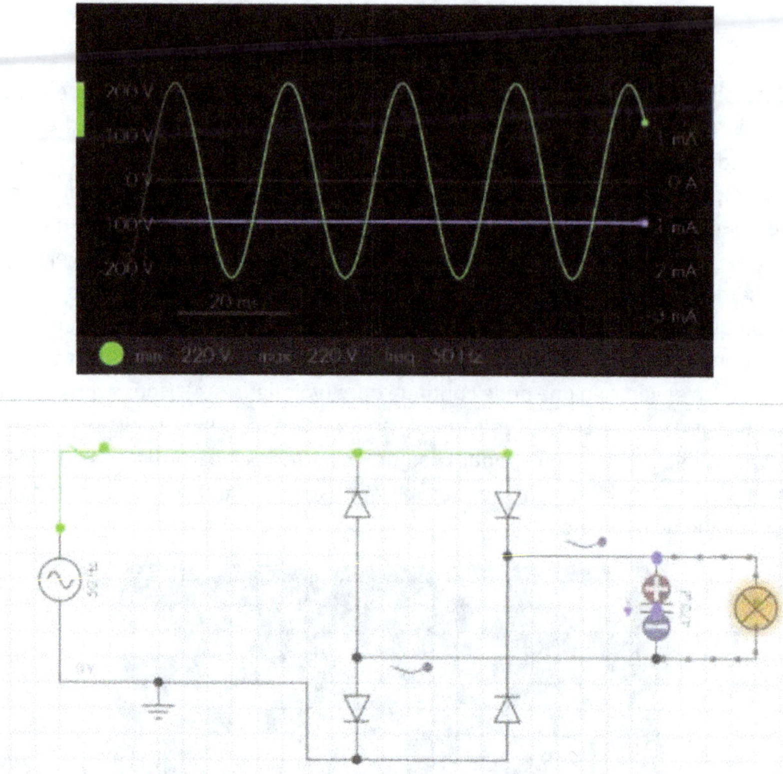

*Figure 14 : Pont redresseur avec condensateur de filtrage et sortie DC pure (onde verte)*

## 3.3 Qu'est-ce qu'un transistor ?

Un transistor est un composant simple à trois bornes que l'on peut assimiler à une vanne qui contrôle le débit de l'eau dans une pompe. Si nous tournons la roue de commande de la vanne dans une certaine direction, c'est-à-dire en l'ouvrant, le débit d'eau augmente et si nous la tournons dans l'autre direction, c'est-à-dire en la fermant, le débit diminue. La valve, dans le cas du transistor, serait constituée de diodes et l'eau serait le courant. L'électronique en général, simplifiée, a beaucoup à voir avec les éléments de commutation et les transistors se comportent également comme un interrupteur. En plus de cette capacité de commutation, les transistors ont également la propriété d'amplifier, ce qui reviendrait à changer le rapport de la vanne pour la quantité d'eau produite. Cette propriété d'amplification est particulièrement importante dans le monde de l'électronique. Dans les systèmes analogiques, nous utilisons à cet effet l'amplificateur opérationnel (amplificateur OP ; amplificateur à couplage CC) et, à l'aide de transistors, un élément équivalent peut également être réalisé dans les systèmes numériques. Il existe différents types de transistors, l'un des

32

plus simples étant le transistor bipolaire (**BJT**). Nous aborderons également le transistor à effet de champ (**FET**) et le transistor à effet de champ à semi-conducteur à oxyde métallique (**MOSFET**). Tous les types de transistors ont leurs propriétés particulières et sont utilisés dans différentes applications.

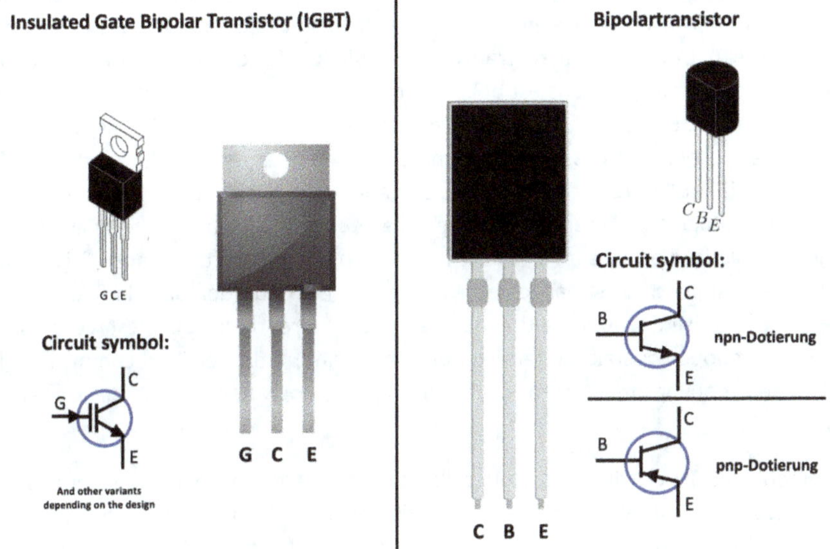


*Figure 15 : Deux variantes de transistors avec leurs connexions et leurs symboles de circuit (à gauche : IGBT et à droite : transistor bipolaire)*

### 3.3.1 Le transistor bipolaire (BJT) - Principes de base

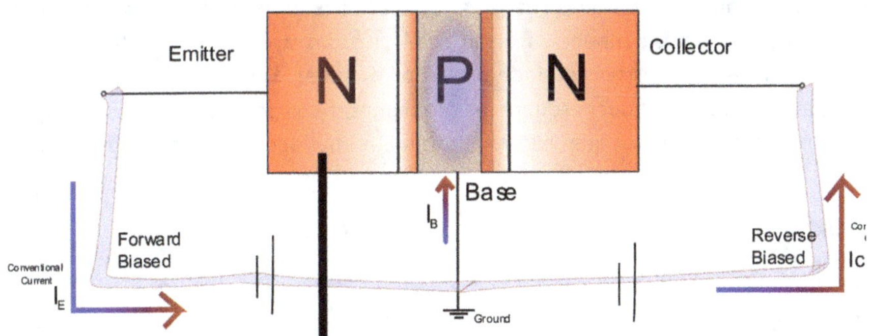


*Figure 16 : transistor bipolaire npn en fonctionnement normal*

Une jonction PN est une combinaison de semi-conducteurs à double dopage. Lorsque nous avons trois jonctions combinées de manière séquentielle, nous obtenons un dispositif aux propriétés très particulières. Une telle construction avec deux diodes combinées est communément appelée un transistor bipolaire "Bipolar Junction Transistor" (BJT). Grâce à la double jonction, il est possible de former un BJT de deux façons : une fois avec deux éléments dopés N **(NPN)** et une fois avec deux éléments dopés P **(PNP)**. L'**effet normal du transistor** (circulation du courant de base) se produit lorsque l'une de ces jonctions est polarisée dans le sens direct et l'autre dans le sens inverse (figure 16). La région centrale, qui se trouve entre deux régions fortement dopées, est appelée la **base (B)** et parmi les deux autres régions, l'une est appelée l'**émetteur (E) et l'**autre le **collecteur (C)**. En général, l'émetteur est une jonction où la jonction est polarisée en sens direct et le collecteur est la jonction où nous avons une jonction polarisée en sens inverse avec la base. Un point important à noter ici est que la base en sandwich n'est pas fortement dopée (c'est pourquoi, dans la figure 16, la base est représentée plus petite que les deux autres régions). C'est cette base légèrement dopée qui fait du transistor un composant particulier. Tout comme avec la valve, nous pouvons maintenant contrôler un grand courant de collecteur avec cette base.

La théorie des BJT est simple, surtout si l'on sait comment fonctionne une jonction PN. Dans notre cas, nous supposons un transistor NPN-BJT (figure 16). Lorsque nous connectons la première région de base de l'émetteur NP dans la direction avant, les électrons libres de N traversent la jonction et s'écoulent vers la région P. Comme la base n'est que légèrement dopée, certains de ces électrons se connectent à des trous, complétant ainsi le circuit, tandis que les autres électrons restent en place. Si nous connectons ensuite une autre alimentation au collecteur de la base de manière à ce que la jonction passe en tension inverse, les électrons restants continuent ainsi leur flux de la base à travers le collecteur et se dirigent ensuite vers cette haute tension.

Le courant se divise en base et collecteur en partant de l'émetteur. Si nous augmentons le courant de base (c'est-à-dire si davantage d'électrons se connectent aux trous P dans une période de temps donnée), davantage d'électrons restants circulent effectivement vers le collecteur (dans une période de temps donnée). Souvenez-vous de ces deux affirmations simples - pour résoudre les problèmes, nous pouvons bien les appliquer. Vous trouverez ci-dessous quelques relations mathématiques importantes pour les PIF:

$$I_E + I_B = I_C \qquad \text{2-1}$$

**α indique la qualité du transistor**

$$\alpha = \frac{I_C}{I_E} \qquad \text{2-2}$$

**β est le gain (facteur d'amplification)**

$$\beta = \frac{I_C}{I_B} \qquad \text{2-3}$$

Une valeur α élevée d'un transistor indique que le courant de base circule relativement moins, car dans ce cas, le courant du collecteur se rapproche du courant de l'émetteur. En pratique, la valeur de α est comprise entre 0,95 et 0,99 (transistor de signal de faible puissance) et idéalement elle devrait être de 1. De même, la valeur β a généralement une valeur de 100-150. Ce β représente le gain des BJTs et est donc également appelé facteur de gain.

En général, les BJT sont utilisés dans trois **configurations** appelées base commune (**CB**), émetteur commun (**CE**) et collecteur commun (**CC**). **Le** commun est lié à la référence ou à la masse. Pour un gain (β), on utilise la configuration CE car la tension de sortie ($U_{CE}$) provient du gain de l'entrée ($U_{BE}$). De la même manière, d'autres configurations ont des cas d'utilisation particuliers. Pour contrôler le niveau de la tension de polarisation (correspondant aux paramètres de sortie du circuit), nous utilisons des circuits généralement appelés **circuits de polarisation.** Ici, nous utilisons quelques résistances pour contrôler le niveau de la tension de polarisation. Pour concevoir des circuits avec des transistors, les valeurs de ces résistances doivent être réglées en fonction des paramètres souhaités.

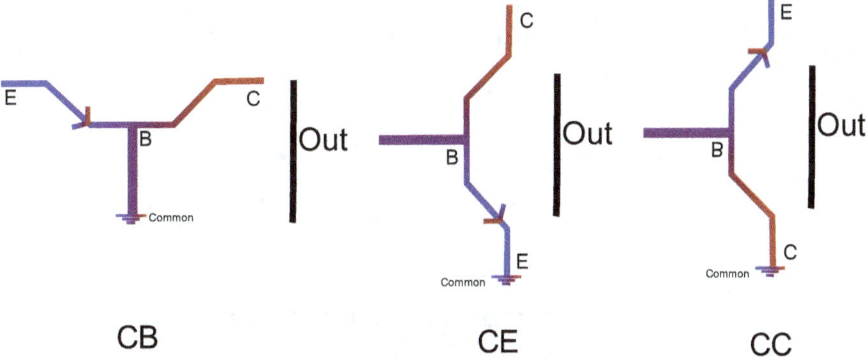


*Figure 17 : configurations des BJT*

### 3.3.2 Le transistor à effet de champ à jonction (JFET) - Principes de base

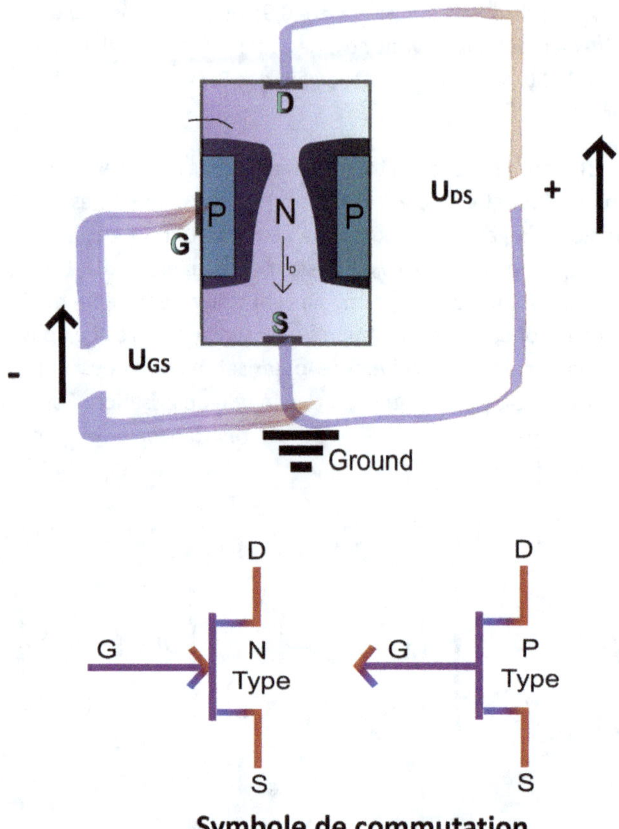



*Figure 18 : npn-JFET : Symboles et fonctionnalité*

Le **transistor à effet de champ à jonction (JFET)** est également un dispositif à transistor à trois bornes dont le courant est contrôlé par la troisième borne, appelée grille. Dans ce contexte, les deux autres bornes sont appelées **source** (entrée) et **drain** (sortie). Tout comme les BJT, un JFET peut être considéré de deux façons : une fois avec un canal N pris en sandwich entre deux canaux P, et une fois dans le sens inverse (canal P pris en sandwich entre deux canaux N). Mais contrairement aux BJT, où le courant passe à la fois par les électrons et les trous, le courant passe dans le JFET à canal N par les électrons et dans le JFET à canal P par les trous. Examinons de plus près le cas du canal N :

<u>**CAS I : $U_{GS} = 0$**</u> : Les électrons du canal N, qui entrent par la **source,** se déplacent en direction du **drain** (voir figure 18). Le drain est connecté ici au pôle positif de la batterie avec la masse de la source. Maintenant, lorsque ces électrons du canal N circulent vers

le drain (borne +), certains d'entre eux essaient de s'échapper par la région P, et ainsi une jonction (zone de déplétion) est créée entre N et P. La largeur de cette jonction dépend de la tension drain-source ($U_{DS}$ ). Si nous $_{DS}$augmentons cette tension U, les porteurs de charge libres dans la jonction augmentent (comme dans les BJT) et bloquent ainsi d'autres porteurs de charge avec plus de potentiel, ce qui entraîne une plus grande largeur. On peut augmenter cette tension $U_{DS}$ jusqu'à un certain point, que l'on appelle **tension de pincement** ou **tension de pincement $U_P$, qui** correspond à un point d'équilibre. Si nous augmentons encore cette tension, le flux d'électrons dans le canal N vers le drain n'augmentera plus, et il n'y a donc aucun effet sur le courant drain-source $I_{DS}$. Ce courant constant après avoir atteint la tension de pincement dans cette région de saturation est appelé **courant de saturation du drain $I_{DSS}$** (courant drain-source avec grille court-circuitée).

Maintenant, pourquoi avons-nous une longueur de jonction non distribuée dans la figure 18 ? Car la tension de drain dans le canal N ne peut pas être constante partout lorsque le courant le traverse. Pour une tension $U_{DS}$ donnée (par exemple 5 V), cette tension $U_{DS}$ diminue avec le flux de courant conventionnel du drain à la source le long du chemin, réduisant efficacement la largeur de la jonction. Ainsi, dans les JFET, nous avons une largeur élevée du côté du drain qui diminue progressivement vers la source.

**Cas II : U $_{GS}$ ≠ 0 :** Si nous connectons maintenant la grille à la borne négative, elle attire les trous dans une jonction déjà élargie. Cela réduit effectivement la largeur de ce carrefour. Si nous augmentons ensuite la tension $U_{GS}$ davantage de courant circule du drain vers la source (c'est-à-dire que $I_{DS}$ augmente). Ainsi, dans ce cas, la tension de pincement U augmente $_P$également, de même que le courant de saturation du drain $I_{DSS}$.

Ces deux affirmations des deux derniers paragraphes peuvent être représentées par l'équation suivante. Nous pouvons également représenter ces propriétés dans un diagramme (voir la figure 19 ; le "V" anglais dans cette figure représente la tension "U").

$$I_D = I_{DSS} \left(1 - \frac{U_{GS}}{U_P}\right) \qquad 2\text{-}4$$

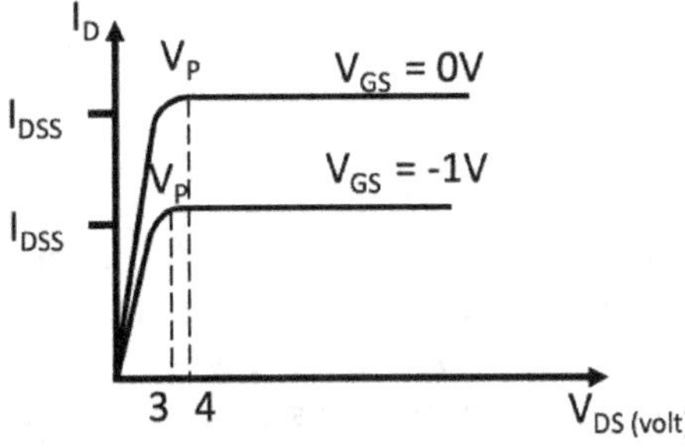


*Figure 19 : courbe caractéristique de loi quadratique*

### 3.3.3 Le transistor à effet de champ à semi-conducteur à oxyde métallique (MOS-FET)

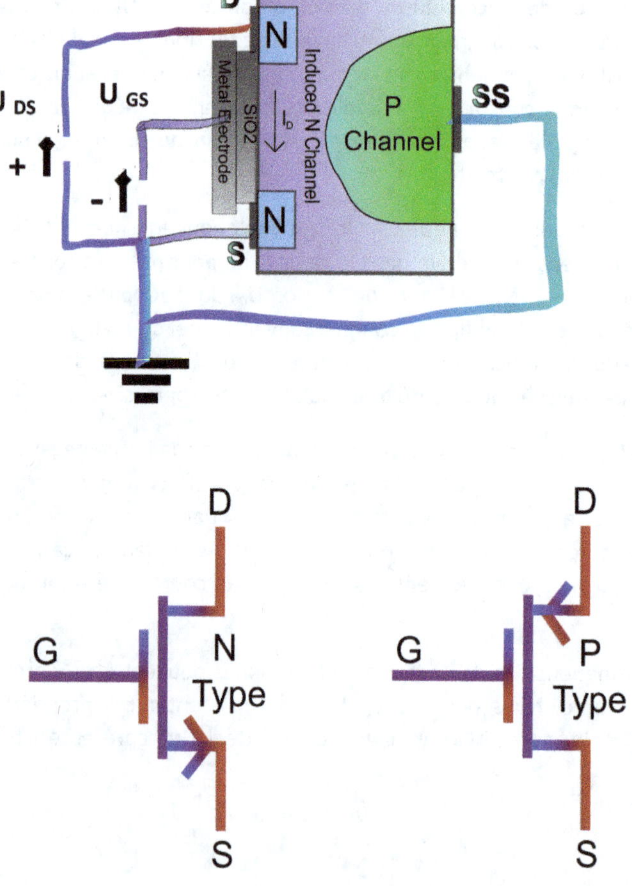



*Figure 20 : MOS-FET à canal N de type à enrichissement (SS est le substrat)*

Les transistors à effet de champ à semi-conducteurs à oxyde métallique (MOSFET) sont comme un successeur ou un composant actualisé par rapport aux types de transistors mentionnés précédemment. Les MOSFET sont le type de transistor le plus courant et sont utilisés dans de nombreuses applications, notamment celles qui nécessitent une puissance élevée. Un BJT est un dispositif à courant contrôlé car le courant de collecteur est contrôlé par le très faible courant de base. Ses applications se situent donc dans l'électronique de faible puissance. Cependant, les MOSFET ont également trouvé leur place dans l'électronique de faible puissance, car ils ont une capacité de commutation élevée. En termes d'applications, on peut généralement dire que les MOSFET sont meilleurs et plus polyvalents que les BJT. En général, les MOSFETs sont comparables aux JFETs, il n'y a qu'une petite différence dans l'isolation de l'oxyde métallique. La structure est également quelque peu différente de celle des JFET. Cependant, nous n'entrerons pas ici dans les détails théoriques des MOSFETs, car le principe de fonctionnement de ce dispositif est à peu près le même que celui des JFETs. Dans les MOSFET à canal N, il existe un substrat P à partir duquel les électrons circulent vers le canal N isolé. Comme mentionné plus haut, les électrons dans le canal isolé sont induits par le substrat du canal P. Les électrons ne peuvent pas s'échapper. Ceci est important pour le fonctionnement normal des MOSFETs. Dans les MOSFETs, la couche de grille isolée sépare la grille, donc contrairement aux JFETs, la tension de polarisation n'a pas d'importance dans ce cas. Avec les JFET, la grille doit être polarisée en sens inverse pour qu'aucun courant ne puisse la traverser. Cela permet au JFET de contrôler le courant de drain avec la tension de grille. Grâce à l'isolation par oxyde métallique, les MOSFET fonctionnent avec une tension de polarisation nulle. Il existe deux types de MOSFET : un **type à déplétion** et un **type à enrichissement**. Les deux types peuvent être dopés de deux manières (avec des canaux N et P). Le **type à enrichissement** (normalement ouvert) nécessite une tension de commande $U_{GS}$ pour allumer le dispositif, tandis que le **type à appauvrissement** (normalement fermé) nécessite l'inverse (l'éteindre). Les MOSFET de type à enrichissement sont les plus couramment utilisés. Il est également important de savoir que les JFET ne peuvent fonctionner qu'en mode de déplétion car il existe une tension négative sur la grille. Donc, si vous augmentez la tension sur celui-ci, l'appareil s'éteindra. Les MOSFETs, en revanche, peuvent fonctionner dans les deux modes décrits. Les MOSFET présentent également les mêmes caractéristiques en termes de courbe caractéristique, comme le montre la figure 19. Pour les MOSFETs, au lieu de tension de pincement / tension d'écrasement, nous utilisons le terme de tension de seuil $U_T$.

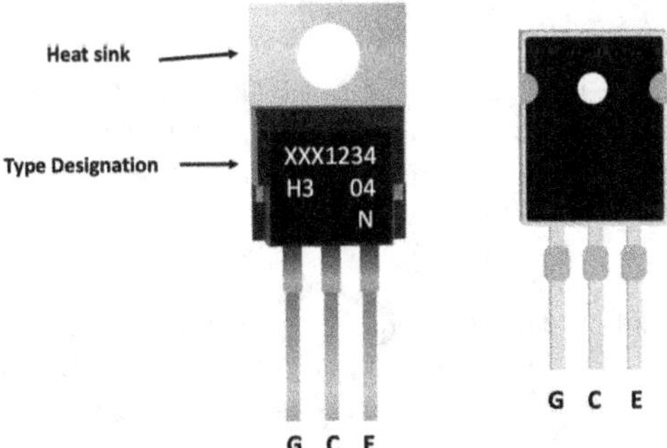



*Figure 21 : Les MOSFETs peuvent ressembler à cette figure, par exemple.*

## 3.4 Applications pratiques de l'électrotechnique et de l'électronique

L'introduction générale des différents composants électroniques a été l'objectif principal de ce chapitre jusqu'à présent, nous n'avons donc pas encore eu de problèmes liés aux circuits dans ce chapitre. En règle générale, les calculs de circuits effectués ici fonctionnent également avec les règles de base des circuits que nous avons apprises dans les chapitres précédents. Au lieu de résoudre des problèmes de calcul théorique, nous allons examiner dans ce qui suit quelques principes de base que nous pouvons utiliser pour concevoir des circuits.

### Exemple 4

Alimentation sans interruption - Concevoir un circuit qui passe à l'alimentation par batterie lorsque le courant est coupé et revient à l'alimentation lorsqu'il est remis. Objectif : Nous voulons avoir 12 V ininterrompu à la sortie pour alimenter un chargeur d'ordinateur portable qui nécessite cette tension. La batterie de 12 V doit servir d'alimentation de secours.

### Notes :

1. Un **relais** est un composant électrique généralement utilisé pour commuter des choses électriquement. Lorsque nous donnons un signal, l'interrupteur électromagnétique change de position pour passer à une autre borne et commuter les choses en conséquence. Lorsqu'il n'y a pas de signal électrique, la position fermée est appelée normalement fermée (NC) et la position ouverte est appelée normalement ouverte (NO).

2. Une diode électroluminescente (**DEL**), comme nous le savons déjà, est une diode et permet donc au courant de circuler dans un sens. Lorsque le courant traverse la diode semi-conductrice LED, les électrons se combinent aux trous et libèrent de l'énergie sous forme de lumière.

3. Un **condensateur** est un composant capable de stocker une charge électrique (et de l'énergie). Plus de détails dans le prochain chapitre.

### Processus de conception :

Tout d'abord, nous avons besoin d'un relais qui passe en position NC lorsque le courant est mis. Nous connectons ensuite une batterie à cette position NO et un chargeur d'ordinateur portable à sa sortie.

Enfin, nous ajoutons deux diodes dans le sens inverse pour empêcher le courant de la batterie de retourner à la source.

L'illustration supérieure de la page suivante montre comment la DEL est alimentée par l'alimentation principale et l'illustration inférieure montre comment la DEL est alimentée par la batterie. L'alimentation principale est de 13,5 V. Trouver une batterie avec cette tension n'est pas possible en pratique, nous pouvons donc utiliser un amplificateur (par exemple un amplificateur BJT) ou un convertisseur élévateur. En fait, nous avons utilisé un condensateur pour stocker la charge de sorte que lorsque le relais est désactivé, la charge reste sur l'alimentation. 1µF est une valeur assez faible dans ce cas, donc en pratique vous pouvez utiliser un condensateur de 1mF. Ce qu'est exactement un condensateur et comment il fonctionne sera expliqué en détail dans le chapitre suivant.

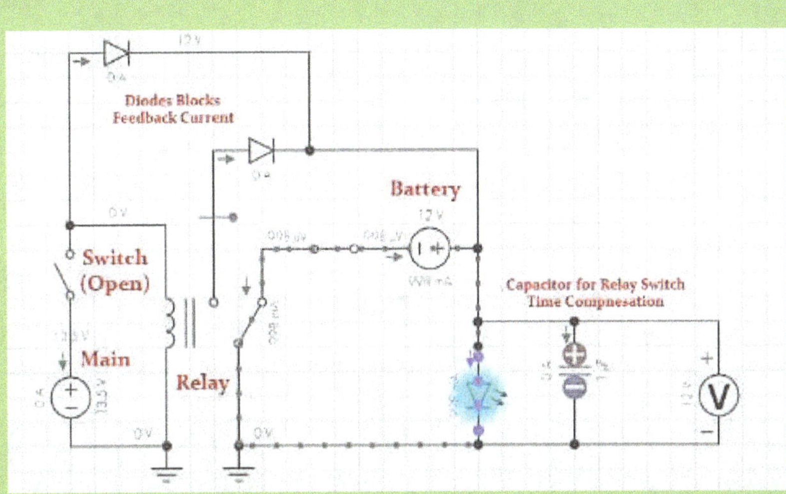



Avant le développement des MOSFET et autres dispositifs à semi-conducteurs, il n'y avait que des relais (ordinateurs). Mais maintenant, avec cette technologie intégrée efficace, nous pouvons utiliser les semi-conducteurs pour la commutation. Par conséquent, le circuit ci-dessus peut également être dessiné avec un MOSFET et un BJT. Pendant que le courant principal commute le BJT, il contrôle le courant de sortie à travers sa base. Dans ce cas, le MOSFET reste désactivé. Lorsque nous éteignons cet interrupteur principal, la batterie déclenche la grille du MOSFET, et la charge est prise en charge par la batterie. Pour la tension de 13,5 V, nous pouvons à nouveau utiliser soit un amplificateur, soit un convertisseur élévateur. Le circuit ci-dessus peut donc également être conçu avec des composants semi-conducteurs au lieu de relais, comme dans les illustrations de la page suivante.

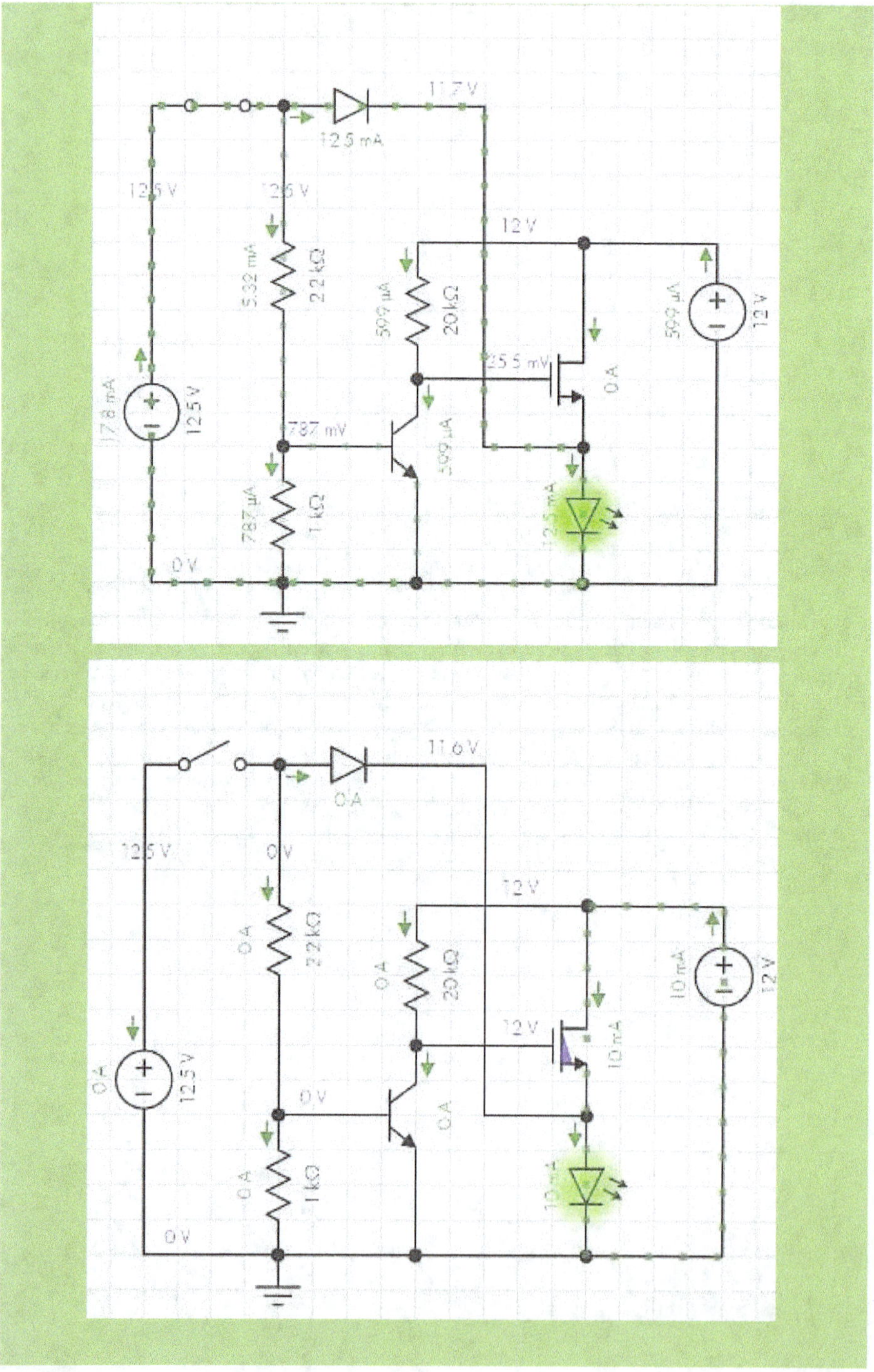

11.7 V
12.5 mA
12.5 V
12.5 V
5.32 mA
2.2 kΩ
509 µA
20 kΩ
12 V
25.5 mV
0 A
509 µA
12 V
17.8 mA
12.5 V
787 mV
787 µA
1 kΩ
509 µA
12.5 mA
0 V
11.6 V
0 A
12.5 V
0 V
0 A
2.2 kΩ
0 A
20 kΩ
12 V
12 V
10 mA
12 V
0 A
12.5 V
0 V
0 A
1 kΩ
10 mA
10 mA
12 V
10 mA
0 V

### 3.4.1 Carte de circuit imprimé (PCB)

Nous pouvons concevoir de tels circuits dans la réalité de manière pratique sur une planche à pain, également appelée stripboard, pour le prototypage. Ces planches ne sont pas des solutions permanentes, mais sont principalement utilisées pour fixer facilement différents composants électroniques à la main en termes de prototypage.

*Figure 22 : Prototypage d'un circuit avec une carte à bandes*

Pour une solution fiable et durable, les cartes de circuits imprimés (PCB) sont les plus courantes. Ces cartes servent simplement d'élément porteur pour les composants électroniques tels que les résistances, les transistors, les condensateurs, etc.

*Figure 23 : Un circuit imprimé / une carte de circuit imprimé (peut désormais être commandé en ligne selon vos propres souhaits)*

***Attention : Ne vous lancez pas dans la production de PCB sans expérience, la manipulation des produits de gravure est dangereuse, suivez les règles de sécurité du fabricant ! Les informations suivantes ne constituent pas une recommandation d'action ! Entre-temps, les circuits imprimés peuvent facilement être commandés en ligne selon vos propres modèles.***

Pour concevoir une carte de circuit imprimé, nous pouvons, par exemple, utiliser des programmes informatiques pour dessiner virtuellement les circuits sur les cartes de circuit imprimé, puis les imprimer en miroir sur du papier glacé. Le papier brillant transfère ensuite les circuits de cette impression sur la carte de circuit imprimé lorsqu'il est chauffé. Une solution de FeCl2 diluée est ensuite utilisée pour éliminer l'isolation des lignes imprimées. La suppression de l'isolation des fils conducteurs est communément appelée **"gravure"**. Le **processus de gravure élimine l'**excès de cuivre sur la carte et laisse les traces conductrices souhaitées. Après le nettoyage et le séchage, les trous peuvent être percés, les composants nécessaires tels que les résistances, les transistors, etc. ajoutés et vous avez alors un circuit imprimé fonctionnel. Bien entendu, dans l'industrie, ces circuits imprimés ne sont pas fabriqués à la main mais à la machine. Les téléphones portables, les ordinateurs, les télécommandes de télévision et tous les autres appareils électroniques ont des circuits imprimés comme support essentiel des composants qui interagissent dans les circuits et remplissent les fonctions que nous souhaitons.

### 3.4.2 Le multimètre : Mesure du courant et de la tension

Dans la pratique de l'ingénierie électrique, nous utilisons souvent des multimètres comme instruments de mesure. Les multimètres à deux connexions peuvent mesurer la tension, le courant, la résistance, la capacité et l'inductance. Ils peuvent également mesurer la polarité des transistors et effectuer un test de continuité avec eux. Le test de continuité nous indique si un circuit est court-circuité ou non. Les multimètres ne peuvent mesurer qu'une seule variable à la fois (comme le courant ou la tension). Pour mesurer plus d'un paramètre, nous devons utiliser plusieurs appareils individuels. L'illustration ci-dessous montre un multimètre simple avec les différentes plages de mesure. En fonction de ce que vous voulez mesurer, vous tournez la molette sur la plage correspondante.

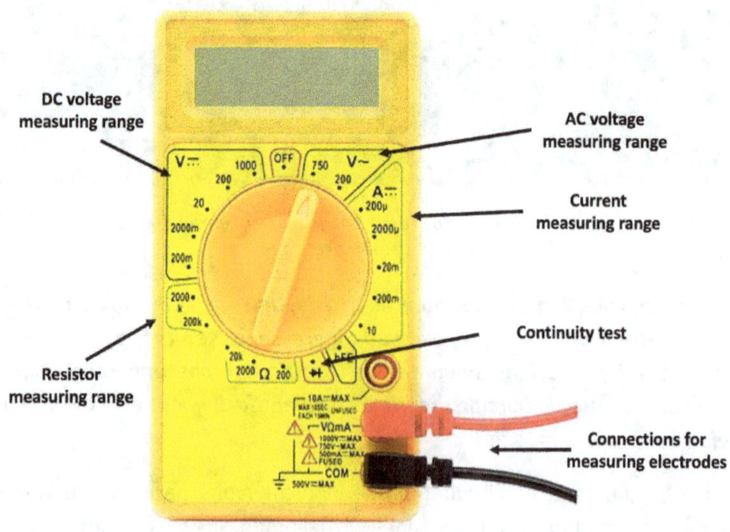

Lorsque vous effectuez une mesure, commencez toujours par la valeur de tension, d'ampérage ou de résistance la plus élevée possible, puis baissez le réglage de l'affichage jusqu'à ce qu'une valeur appropriée s'affiche. Cela signifie, par exemple, que si vous effectuez une mesure sur une source de tension continue et que vous soupçonnez une valeur comprise entre 20 et 200 V, vous tournez la plage de réglage sur 200 volts.

Si vous voulez mesurer une tension, vous devez connecter les électrodes de mesure parallèlement à la source de tension ou au composant que vous voulez mesurer. Dans le cas d'une ampoule électrique, par exemple, cela fonctionnerait comme suit :

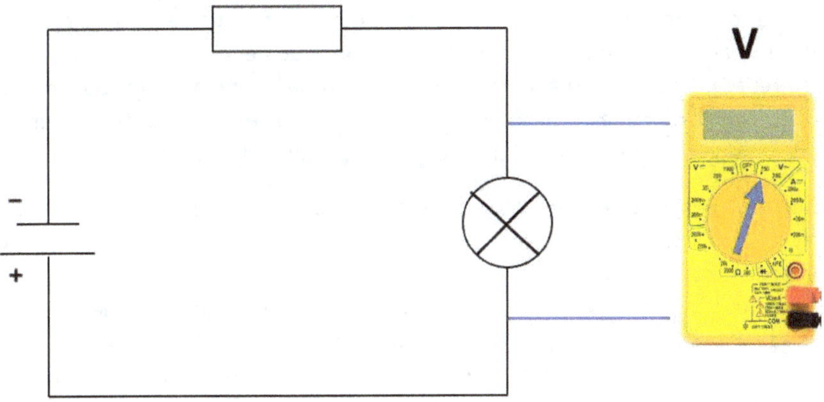


Et si vous voulez mesurer l'ampérage d'un consommateur, vous devez connecter l'instrument de mesure (multimètre) en série avec le consommateur, c'est-à-dire débrancher la ligne. Cela fonctionnerait alors comme suit :

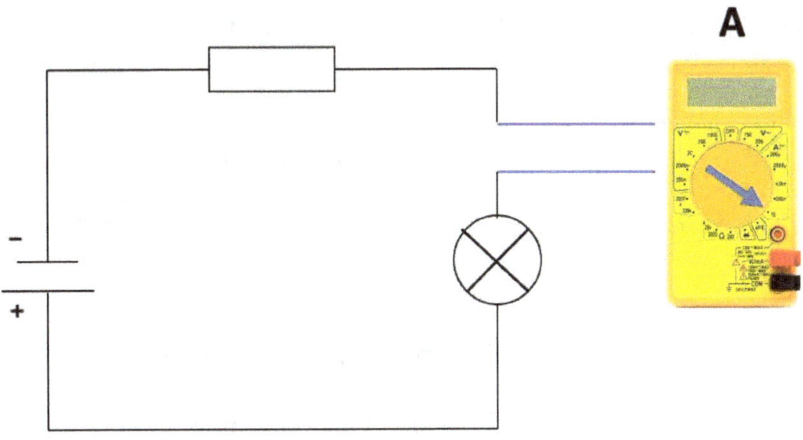

# 4 Courant continu contre courant alternatif et ondes sinusoïdales

## 4.1 Introduction au sujet

Qu'est-ce que le courant et qu'est-ce que la tension ? Qu'est-ce que le courant continu et qu'est-ce que le courant alternatif ? Ces termes généralement connus sont souvent utilisés sans que l'on sache exactement ce qui se cache derrière. Jusqu'à présent, nous n'avons traité que du courant continu. Dans ce chapitre, nous allons examiner de plus près les différences fondamentales. Le courant peut être simplement considéré comme le flux de charges dans un conducteur électrique. La tension, quant à elle, est simplement l'énergie d'une charge circulant dans ce conducteur. Le courant alternatif, comme son nom l'indique, est un type de courant qui change de sens de circulation (polarité) au fil du temps. Cela se produit périodiquement, c'est-à-dire de manière récurrente. Ce n'est pas le cas du courant continu, où la direction du flux (polarité) reste la même au fil du temps. Cela s'applique également aux termes de tension alternative et de tension continue, bien qu'ici ce soit la tension qui soit considérée.

Jusqu'à présent, nous avons étudié les circuits qui fonctionnent avec du courant continu. Par exemple, nous avons traité des résistances dans le premier chapitre. Cependant, certains éléments de l'électronique nécessitent un changement de tension et de courant pour fonctionner normalement. Ces éléments (**condensateurs** et **inducteurs**) ont également des applications importantes en électrotechnique et en télécommunications. Pour bien comprendre leur fonctionnement, nous traiterons d'abord les ondes sinusoïdales dans ce qui suit, car ces ondes périodiques représentent la variation continue de la tension ou du courant et constituent la base de la description. Le **courant alternatif** (ondes sinusoïdales) est utilisé pour la transmission (par exemple, par un poteau électrique) du courant électrique. Les ondes sinusoïdales ont également une grande valeur dans la recherche de l'information et de la communication et offrent des propriétés très intéressantes. Le **courant continu** est aujourd'hui essentiellement limité aux applications à basse tension. Le courant continu ne peut pas encoder d'informations car il ne circule que dans un sens. La raison pour laquelle le courant continu n'est pas efficace pour transmettre l'électricité (par exemple, un poteau électrique) est également un sujet intéressant, que nous aborderons dans le prochain chapitre. Ce chapitre, comme déjà mentionné, est d'abord consacré à l'étude des ondes sinusoïdales. Dans ce chapitre, nous aborderons également les **condensateurs**, les **inductances** (inductances) et les **circuits RLC pour** les faire correspondre.

## 4.2 Tension alternative / courant alternatif

La tension alternative / le courant alternatif (CA) varie de manière sinusoïdale avec le temps. La figure 25 montre une onde sinusoïdale. Ces types d'ondes ont une **période**

**de temps** et une **phase**. La période est simplement le temps après lequel le motif d'une vague se répète. Une fonction sinus simple $f(x) = sin(x)$ a une période de $2\pi$. Le terme phase, en termes simples, décrit le déplacement d'une onde. L'onde noire de la figure 25, par exemple, est décalée de $\frac{\pi}{2}$ vers la droite sur l'axe des x, donc sa phase est $\frac{\pi}{2}$. Dans la formule de la fonction, ceci est exprimé avec le terme $-\frac{\pi}{2}$.

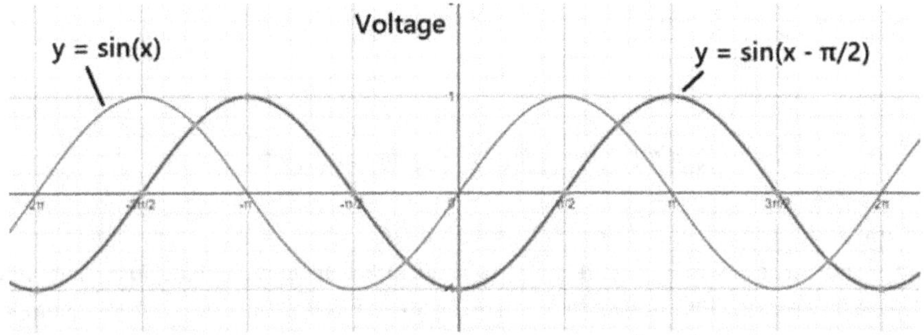


*Figure 25 : Représentation de $sin(x)$ et $sin\left(x - \frac{\pi}{2}\right)$*

La **fréquence d'**une onde sinusoïdale est l'inverse de sa période. En général, la fréquence indique le degré de compression ou d'expansion d'une onde. On peut également dire que la fréquence indique le nombre de périodes dans une seconde. La fréquence est mesurée en Hertz, du nom du physicien allemand Heinrich Hertz. 1 Hz correspond à une oscillation par seconde, c'est-à-dire 1/s. L'onde noire de la figure 26, par exemple, est maintenant plus étirée que l'onde originale (violette), sa fréquence n'est que la moitié de celle de l'onde violette originale. La fréquence de l'électricité domestique est de 50 Hz ou 60 Hz et varie en fonction de la région. 50 Hz signifie qu'un cycle peut se répéter 50 fois en une seconde. 50 Hz signifie également que l'onde CA traverse le zéro de tension (axe x dans le système de coordonnées) 50 fois en une seconde, car la direction du courant / de la tension CA change comme on le sait déjà. Cela signifie en gros qu'une ampoule s'éteint 50 fois en une seconde. Cependant, ces fluctuations ne sont pas perceptibles par l'œil humain car elles sont trop rapides. Cependant, nous pourrions rendre ces fluctuations visibles avec une caméra au ralenti.

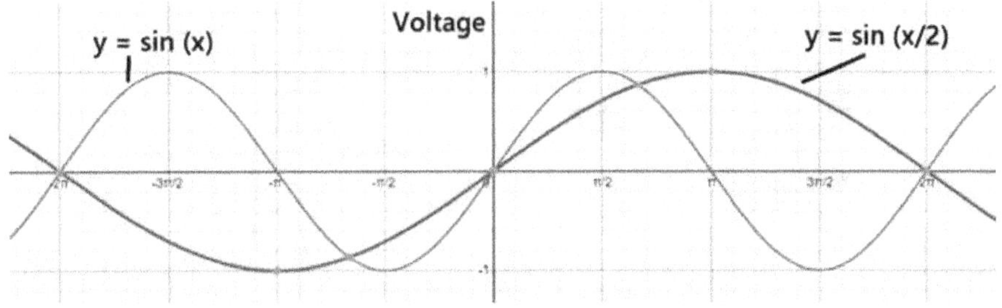


*Figure 26 : Représentation de $sin(x)$ et $sin\left(\frac{x}{2}\right)$*

Vous devez vous rappeler les relations importantes suivantes en rapport avec les ondes :

1) La fréquence des $sin(2 \cdot x)$ est deux fois plus élevé que celui de $sin(x)$ la période est deux fois moins importante.

2) La période allant de $sin\left(x - \frac{\pi}{2}\right)$ est retardé de $\frac{\pi}{2}$ retardé (décalé) que dans l'original. $sin(x)$

## 4.3 Circuit résonnant série (circuit RLC)

Outre les résistances, il existe plusieurs autres éléments fondamentaux pour les circuits électroniques, à savoir les **condensateurs** et les **inductances** ou **inducteurs**. **Un circuit comportant une combinaison de résistances, de condensateurs et d'inductances est généralement appelé circuit résonnant série ou circuit RLC.** "R" signifie résistance, "L" signifie bobine (inductance) et "C" signifie condensateur. L'étude des circuits RLC est un sujet complexe qui nécessite son propre chapitre. Dans cette section, nous allons essayer de couvrir quelques notions de base sur ce circuit et les composants associés.

## 4.3.1 Les condensateurs

En termes très simples, un condensateur n'est rien d'autre que deux plaques disposées parallèlement l'une à l'autre et un diélectrique entre elles. Un diélectrique est simplement une substance faiblement ou non conductrice (solide, liquide, gaz) dont les porteurs de charge ne sont pas libres de se déplacer. Les condensateurs sont généralement considérés comme des dispositifs de stockage de charge car, lorsqu'un potentiel électrique est appliqué, ils peuvent stocker une tension (énergie) dans leurs plaques.

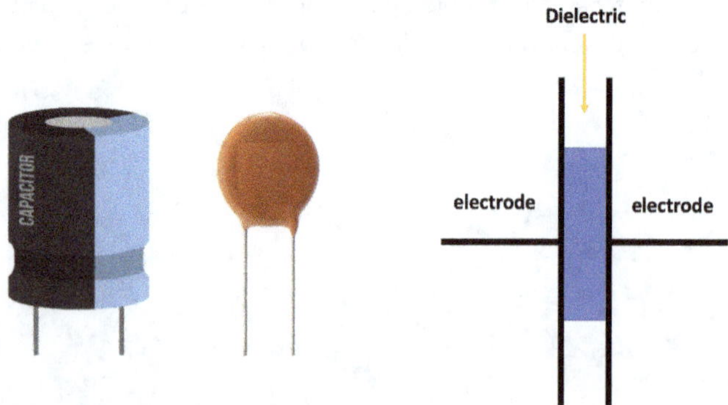


*Figure 27 : Deux types de condensateurs : le condensateur électrolytique (à gauche) et le condensateur céramique monocouche (au centre) ; et la structure schématique générale d'un condensateur (à droite).*

La capacité d'un condensateur à stocker une charge dépend de la surface (A) des plaques, de leur espacement (d) et du diélectrique (ε) entre les plaques. Cette capacité à stocker des charges est généralement appelée **capacité.** $\left(C = \frac{A}{\varepsilon d}\right)$, "ε" est appelée la **constante diélectrique**. Si la charge dans les plaques augmente, la tension du condensateur augmente également jusqu'à ce que la capacité soit atteinte. Cette affirmation est décrite mathématiquement par l'équation 4-2 :

$$Q(t) \propto U_c(t) \Rightarrow Q(t) = C \cdot U_c(t) \qquad\qquad \text{4 -2}$$

En termes de tension et de courant, nous pouvons réécrire cette équation comme suit:

$$\frac{dQ(t)}{dt} = C \cdot \frac{dU_c(t)}{dt} \Rightarrow I_c(t) = C \cdot \frac{dU_c(t)}{dt} \qquad\qquad \text{4 -3}$$

*Pour rappel, le courant est le flux de charges par unité de temps.*

L'équation 4-3 est intéressante car elle montre que le courant ne circule dans un condensateur que lorsque la tension change. À tension constante, le condensateur se comporte comme un circuit ouvert dans lequel, bien sûr, aucun courant ne peut circuler.

**Situation - courant continu :** Si nous connectons un condensateur en série à une source de tension continue, la charge des plaques commence. Au cours de la charge, le condensateur repousse l'électron source et arrête ainsi le passage du courant.

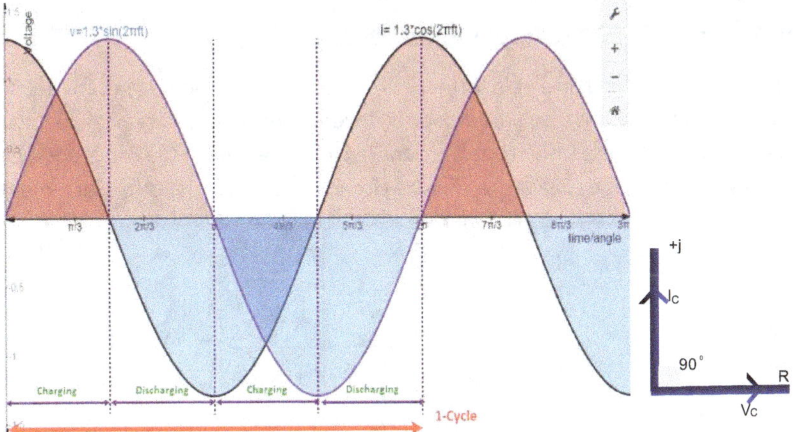


*Figure 28 : : Onde de tension (sinus) et onde de courant (cos) du condensateur (l'onde de courant "traîne" derrière la tension de $\frac{\pi}{2}$ derrière. Le diagramme de phase du condensateur est illustré à l'extrême droite.*

**Situation - courant alternatif :** Si nous connectons ce condensateur à une source de courant alternatif, dans le premier quart de cycle (de 0 à $\frac{\pi}{2}$ ; voir figure 28), il absorbe de la tension (c'est-à-dire qu'il emmagasine de la charge), qu'il relâche ensuite au deuxième trimestre. Dans le demi-cycle négatif de l'onde, cette action se répète, mais maintenant avec une polarité opposée, c'est-à-dire que le condensateur se charge dans le premier quart et se décharge dans le second quart.

Il est important de mentionner que le condensateur "absorbe" la tension, mais n'a en même temps aucune influence sur le courant. C'est précisément cette absorption qui crée un retard dans la tension, et donc la tension dans le condensateur "retarde" le courant de $\frac{\pi}{2}$ derrière le courant. Le côté droit de la figure ci-dessus montre le diagramme de phase du condensateur. Comme nous allons le voir, les diagrammes de phase sont utiles pour calculer la relation entre la tension et le courant des condensateurs.

### Réactance capacitive (réactance) :

En supposant que nous augmentons la fréquence de la source de courant alternatif, davantage d'électrons traversent le condensateur dans une unité de temps, ce qui entraîne une augmentation du courant. Cette augmentation du courant réduit la résistance du condensateur. De la même manière, la résistance du condensateur augmente lorsque la fréquence diminue. Cette réactance d'un condensateur est généralement appelée **réactance** (capacitive) ($X_c$), et l'équation 4-6 le relie à la fréquence du courant alternatif comme suit :

$$X_c = \frac{1}{2\pi f C} \qquad\qquad 4\text{-}6$$

### Connexion en série et en parallèle des condensateurs :

D'après l'explication précédente et la formule ci-dessus, on peut voir que la capacité se comporte de manière inverse (c'est-à-dire inversement) à sa réactance. Par conséquent, nous additionnons la capacité dans le circuit parallèle et la réciproque de la somme des réciproques des capacités dans le circuit en série, c'est-à-dire exactement l'inverse de ce qui se passe dans la connexion série et parallèle des résistances.

**Connexion en série :**

$$C_{eq} = \frac{1}{\left(\dfrac{1}{C_{eq_1}} + \dfrac{1}{C_{eq_2}} + \cdots + \dfrac{1}{C_{eq_n}}\right)} \qquad\qquad 4\text{-}7$$

$$= \left(\frac{1}{C_{eq_1}} + \frac{1}{C_{eq_2}} + \cdots + \frac{1}{C_{eq_n}}\right)^{-1}$$

**Connexion parallèle :**

$$C_{eq} = C_1 + C_2 + \cdots + C_n \qquad\qquad 4\text{-}8$$

## 4.3.2 Inducteurs / inductances (bobine)

Tout fil conducteur et porteur de courant génère un champ magnétique autour de lui. Alors que se passe-t-il quand on enroule une bobine entière à partir d'un fil conducteur ? C'est ce que nous allons examiner de plus près dans ce chapitre. Un tel fil enroulé dans une bobine est appelé un inducteur.

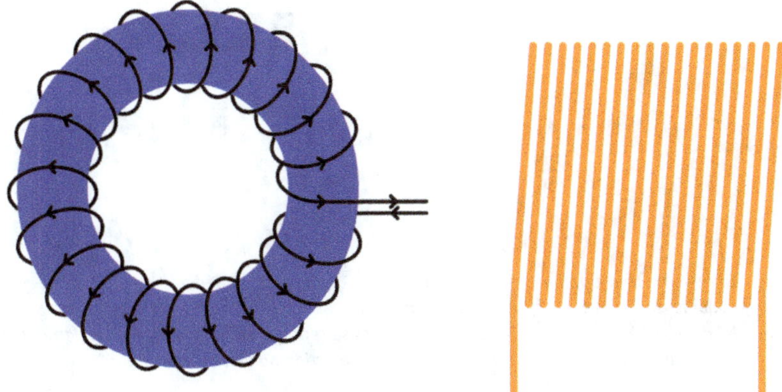

*Figure 29 : Bobine toroïdale avec noyau en fer (gauche) ; bobine (droite)*

Quelle est donc la chose spéciale qui peut se produire lorsque nous enroulons un fil ou un autre conducteur dans une bobine ? En bref, elle modifie le champ magnétique produit. Lorsque le courant circule dans ce fil enroulé, il crée un changement dans le champ magnétique et lorsque ce courant change, le champ magnétique créé s'oppose au nouveau courant afin qu'il ne puisse plus changer. Par analogie, on peut imaginer un inducteur comme une roue de moulin dans laquelle circule de l'eau ayant une certaine énergie potentielle. Au départ, le frottement (statique) de la roue s'oppose à l'énergie de l'eau, mais dès que l'eau entraîne la roue (couple de rupture) et que le frottement statique se transforme en frottement glissant et est donc inférieur à la force motrice, la roue "soutient" le mouvement de l'eau d'une certaine manière en raison de l'inertie de la roue. Si, soudainement, l'eau ne coule plus, le mouvement continue (inertie) jusqu'à ce que la friction devienne trop "élevée" pour l'énergie restante.

Qu'est-ce qu'un tel composant ? Une inductance est un composant qui peut être considéré comme le pendant du condensateur et dont le mode de fonctionnement peut être expliqué par la **règle de Lenz.** La règle de Lenz stipule que le courant généré par l'induction est toujours dirigé contre la cause (champ magnétique). Tout effet de force mécanique pouvant survenir est appelé **force de Lorentz.**

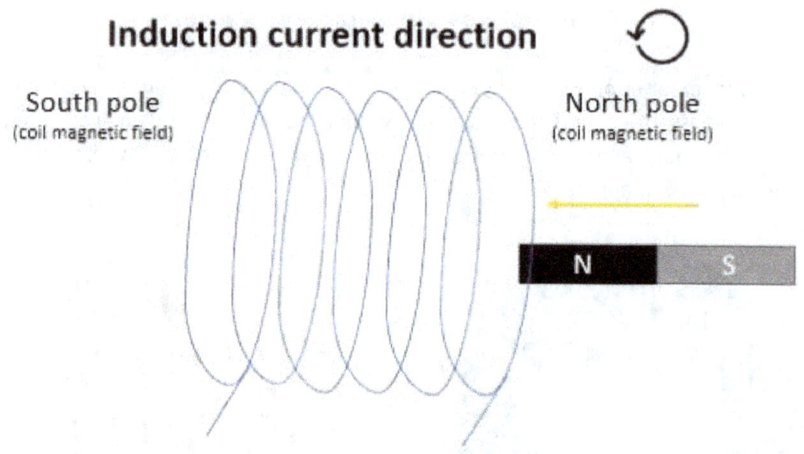


*Figure 30 : La règle de Lenz appliquée dans la pratique. Si un aimant est déplacé vers la bobine comme indiqué, la bobine déviera vers la gauche car le courant d'induction dans la bobine est dirigé de telle sorte qu'un pôle nord est créé à droite (les mêmes pôles se repoussent). L'inverse est également vrai pour l'autre cas (pôle nord et pôle sud ; attraction au lieu de répulsion).*

Tout comme pour les condensateurs, il existe une constante pour les inducteurs, l'inductance, qui nous indique la capacité d'un inducteur à stocker de l'énergie dans le champ magnétique. Cela dépend du nombre de tours et des dimensions, telles que la longueur, de la bobine ($L = k \cdot N^2$), "k" est ici simplement une constante pour les dimensions. "N" représente le nombre de tours.

Comme pour les condensateurs, le flux magnétique de l'inducteur augmente avec l'augmentation du courant dans la bobine jusqu'à ce que l'inductance soit atteinte. Exprimé mathématiquement, cela signifie :

$$\lambda(t) = L \cdot I_L(t) \qquad \text{4 -9}$$

Et une simple dérivation en fonction du temps des deux côtés donne :

$$\frac{\lambda(t)}{dt} = L \cdot \frac{dI_L(t)}{dt} \Rightarrow U_L(t) = L \cdot \frac{dI_L(t)}{dt} \qquad \text{4- 10}$$

### Propriétés de l'inducteur

Comme pour les condensateurs, un **flux de courant continu court-circuite** l'inducteur (idéalement sans résistance). Comme dans le cas du courant continu, il n'y a pas de changement de direction du courant et donc pas de changement du champ magnétique, le circuit est simplement court-circuité sans qu'aucune tension ne soit induite. Et dans le cas d'un courant **alternatif,** l'inductance absorbe la totalité du courant pendant la première demi-période de l'onde sinusoïdale, mais ne modifie pas la tension. Et à cause de cette absorption, le courant dans le cas de l'inductance "retarde" la tension de $\frac{\pi}{2}$ derrière la tension. Si vous repensez un instant au condensateur, vous remarquerez peut-être que dans le cas du condensateur, c'est exactement l'inverse, c'est-à-dire que dans le cas du condensateur, la tension est "en retard" sur le courant de ce facteur. Très bonne attention !

La réactance de l'inductance $X_L$ (également appelée **réactance** ou plus simplement : **réactance inductive**) est également liée à la fréquence du courant alternatif (équation 4-11). Considérez comment un inducteur réagit lorsque le flux de courant augmente ou diminue en une seconde. Nous pouvons facilement dériver cette relation :

<table>
<tr><td>Résistance d'inductance</td><td>$$X_L = 2\pi f L$$</td><td>4 -11</td></tr>
</table>

Soit dit en passant, le terme réactance, d'une manière générale, désigne simplement une résistance complexe. Dans le cas des condensateurs et des inductances, cependant, les phases du courant et de la tension diffèrent, ce qui affecte leurs résistances. Pour distinguer la résistance de ces composants de celle d'une simple résistance (on parle ici de composant), on utilise donc le terme de réactance capacitive ou inductive.

Pour l'analyse du circuit, les lois suivantes pour la connexion en série et en parallèle des inducteurs sont à nouveau importantes : *(Note : Comparez les équations suivantes avec celles du condensateur, vous remarquerez alors quelque chose et il vous sera également plus facile de vous en souvenir)*

<table>
<tr><td>Connexion en série</td><td>$$L_{eq} = L_1 + L_2 + \cdots + L_n$$</td><td>4-12</td></tr>
</table>

<table>
<tr><td>Connexion parallèle</td><td>$$L_{eq} = \frac{1}{\left(\dfrac{1}{L_{eq_1}} + \dfrac{1}{L_{eq_2}} + \cdots + \dfrac{1}{L_{eq_n}}\right)}$$ $$= \left(\frac{1}{L_{eq_1}} + \frac{1}{L_{eq_2}} + \cdots + \frac{1}{L_{eq_n}}\right)^{-1}$$</td><td>4-13</td></tr>
</table>

Les circuits résonnants série (RLC) sont, comme nous le savons déjà, une simple combinaison d'une résistance, d'un condensateur et d'une inductance. Cela permet un total de 8 scénarios $\left(\sum_{n=0}^{3}\binom{3}{n} = 8\right)$ de circuits RLC, dont deux sont des circuits simples en série et en parallèle. Ces deux circuits sont également les plus importants. Les circuits RLC sont utilisés dans les filtres électroniques, que nous utilisons à notre tour pour syntoniser les chaînes de radio et de télévision, dans les circuits d'oscillateurs et dans le contrôle audio. Le plus souvent, les circuits RLC sont appliqués lorsque l'analyse des signaux est nécessaire. La plupart des applications de l'analyse des signaux se retrouvent dans les technologies de communication. Les **phaseurs** sont nécessaires pour le calcul des RLC. Les phasors sont, en termes simples, les vecteurs de nombres complexes à deux dimensions, qui, dans ce cas, sont nécessaires pour résoudre le problème des condensateurs et des inducteurs. Si nous connectons une résistance linéaire en série avec un condensateur (circuit RC), la tension du condensateur est retardée car le condensateur stocke la tension. Pour une même tension de "R" (résistance) et "C" (condensateur), on obtient un triangle rectangle que l'on peut décomposer en ses composantes (perpendiculaire et base). Il en va de même pour l'inductance. La tension des fils du condensateur et celle des fils de l'inducteur.

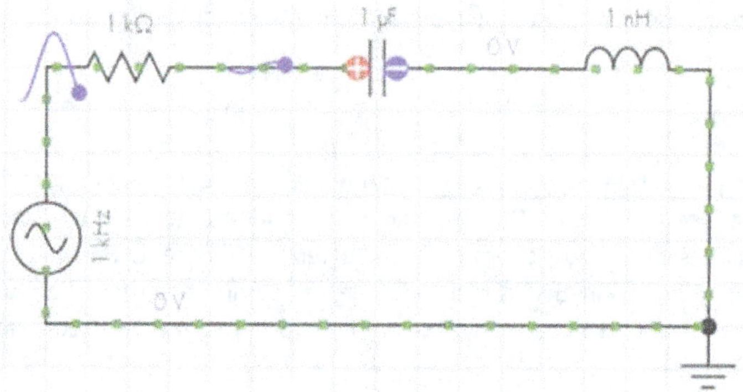


*Figure 31 : Circuit RLC en série*

A titre d'exemple, considérons un circuit RLC en série (Figure 31). Pour résoudre la tension équivalente, nous utilisons les valeurs de $U_c$ et $U_R$ comme :

**Le théorème de Pythagore :**

$$U_s = \sqrt{U_R^2 + (U_L - U_C)^2}$$

4- 14

Et pour l'angle intermédiaire, nous pouvons utiliser la formule traditionnelle du triangle comme suit :

$$tan(\theta) = \frac{Cathetus\ opposé}{Ankhetus}$$

$$\theta = tan^{-1} \frac{U_L - U_C}{U_R}$$

4 -15

Il est également important de redéfinir la résistance ici, car nous trouvons une combinaison de résistance (composant résistif réel) et de réactance (condensateur et inducteur). Cette "résistance totale" dans les circuits RLC est appelée **impédance Z** et comprend des quantités réelles et complexes. En termes plus simples, on peut également dire que la résistance et la réactance sont des cas particuliers d'impédance. Une résistance (R = Resistance) est décrite avec des quantités réelles et une réactance avec des quantités complexes.

Les formules 4-14 et 4-15 s'appliquent aux RLC connectés en série (RLC série).

# 5 Systèmes d'alimentation électrique

Dans ce chapitre, nous souhaitons traiter principalement de la transmission de l'électricité par courant alternatif. Le courant continu peut également être utilisé pour la transmission d'énergie, ce qui était également le cas il y a longtemps. Mais en raison des pertes élevées sur de longues distances lors de l'utilisation du courant continu, il a fallu penser à autre chose, car une telle transmission d'énergie n'était pas possible à grande échelle. On savait depuis longtemps que le courant continu ne pouvait pas être efficace sur de longues distances, c'est pourquoi le concept de distribution de courant alternatif a été introduit. En raison de la haute tension utilisée à cet effet, les dangers du courant alternatif ont constitué un obstacle majeur à son introduction. Néanmoins, le courant alternatif fournit une électricité bon marché, alors que le courant continu serait inefficace. Bien que le système de distribution en courant alternatif soit plus complexe et plus coûteux que le système en courant continu, puisqu'il nécessite des transformateurs à chaque extrémité de la chaîne, au final, la transmission en courant alternatif reste rentable à bien des égards.

## 5.1 Énergie et système d'unités

La tension électrique est l'énergie des particules chargées transportées. Le terme de pouvoir $P = U \cdot I$ est utilisé pour désigner l'"énergie" ou le "travail" des particules chargées qui traversent un conducteur. Habituellement, le terme énergie est défini ici comme la puissance consommée pendant une période de temps.

Deux facteurs s'opposent dans les systèmes électriques. Il s'agit de la demande de charge et de la production, car pour une efficacité maximale, les générateurs doivent fonctionner à leur valeur nominale. Nous avons déjà appris le calcul du kWh (énergie) dans le premier chapitre. Un petit exemple pour nous rappeler : un ventilateur de plafond de 100 W fonctionnant huit heures par jour pendant un mois (30 jours) consomme : $100\,W \cdot (8\,h \cdot 30) = 24.000\,Wh = 24\,kWh$. Le prix d'une unité (1 kWh) pour les consommateurs finaux est déterminé par le tarif d'électricité respectif du fournisseur d'électricité. Actuellement, la moyenne est d'environ 30 cents par kWh. Il existe un tarif différent selon la compagnie d'électricité. Le tarif peut être différent pour les différents consommateurs (par exemple, commerciaux ou résidentiels), mais il peut également être basé sur le facteur de puissance, la demande maximale ou la consommation par unité. Le plus souvent, il est basé sur la consommation par unité, c'est-à-dire que plus il y a d'unités consommées, plus le prix unitaire est bas. Dans certains pays, où la demande d'électricité est supérieure à la production d'électricité, c'est le contraire qui se produit et les tarifs deviennent plus chers à mesure que la consommation augmente.

Pour suivre l'évolution de la charge dans une unité de temps, on utilise des **courbes de charge** (principalement dans les réseaux de distribution). Les stations de distribution utilisent ces courbes de charge pour avoir une idée de la demande mensuelle et les centrales électriques les utilisent pour optimiser la production. Pour une "production" rentable d'électricité, on veille à maintenir la demande de charge et la production à des niveaux similaires. En fait, l'une des principales faiblesses de l'électricité est que nous ne pouvons pas stocker directement l'énergie électrique (sauf dans des batteries et à l'aide de la conversion en d'autres formes d'énergie, comme l'énergie potentielle hydraulique). En pratique, surtout dans les systèmes triphasés, dont nous parlerons plus loin dans ce chapitre, il peut être difficile de gérer tous les générateurs avec des données de consommation dynamiques et des tendances de consommation imprévisibles. Dans les systèmes d'énergie renouvelable où le flux d'électricité est bidirectionnel (c'est-à-dire du consommateur au fournisseur et vice-versa, pensez à une alimentation en électricité à l'aide d'un système photovoltaïque), ces choses peuvent devenir encore plus complexes.

La figure suivante montre un exemple de courbe de charge d'un ménage sur une journée (à droite). La courbe de durée de charge (à gauche) d'un ménage dans la figure suivante est souvent utilisée pour analyser la consommation de charge dans une certaine plage de temps (comme 4 heures dans ce cas). La courbe de charge donne les données telles qu'elles sont consommées dans un ménage ; la courbe de durée de charge les ordonne de manière à ce que l'on ait une idée de l'évolution du maximum au minimum.

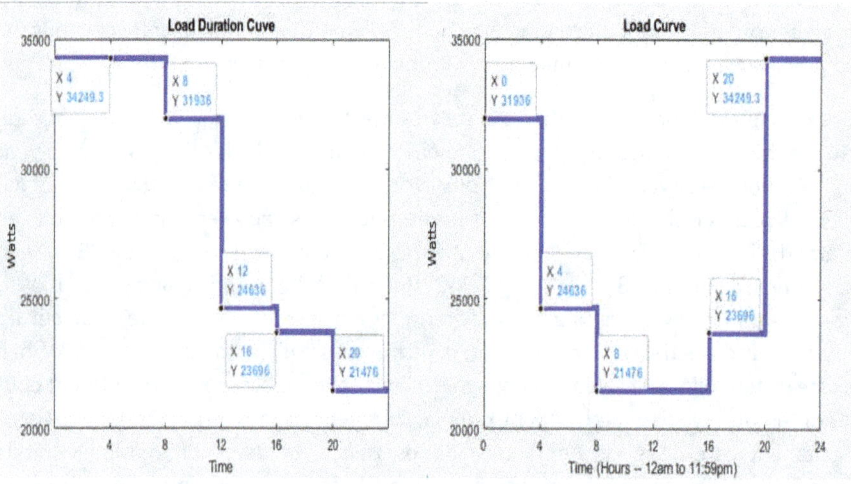


*Figure 32 : Courbe de charge (droite) et courbe charge-durée (gauche)*

## 5.2 Le triangle de puissance

Nous avons déjà beaucoup appris sur les condensateurs et les inductances dans la section précédente. Étant donné que ces éléments passifs stockent de l'énergie, ils créent un déphasage entre la tension et le courant - ce qui affecte également la puissance, que nous n'avons pas encore abordée. C'est ce que nous souhaitons faire dans ce chapitre.

Considérons un circuit inductif qui tire un courant "retardé" I et qui est connecté à la tension de la source U. L'angle de ce "décalage" est φ. Si nous supposons qu'il n'y a pas de différence de phase entre la tension et le courant ($\varphi = 0$ - circuit purement ohmique), la puissance totale P ici est simplement $U \cdot I$. Cependant, si nous insérons maintenant un élément réactif (condensateur ou inductance) dans le circuit, une différence de phase est créée dans le circuit ($\varphi > 0$). Dans ce cas, la puissance totale du circuit est appelée puissance apparente :

$$S = U_{total} \cdot I_{total} \textbf{ (Unité : } \text{kVA)} \qquad\qquad 5\text{-}1$$

La puissance apparente est la somme (somme vectorielle) de ses composantes, dont l'une est la composante horizontale (P), appelée **puissance active** (unité : kW) et l'autre étant la composante verticale (Q), appelée **puissance réactive (unité** : kVAr). À propos, le "VAr" signifie ici "Volt-Ampère-réactif".

Ces trois quantités (S et ses composantes P et Q) forment un triangle, que l'on appelle un **triangle de puissance** (voir figure 33). Puisque la puissance active et la puissance réactive sont des composantes du vecteur **S** s'applique :

$$P = S \cdot cos\varphi = U \cdot I \cdot cos\varphi \qquad\qquad 5\text{-}2$$
$$Q = S \cdot sin\varphi = U \cdot I \cdot sin\varphi$$

La puissance apparente S est un vecteur constitué des composantes P et Q, de sorte que comme pour tout vecteur s'applique à sa magnitude :

**Forme vectorielle:**
$$\vec{S} = \vec{P} + \vec{Q} \qquad\qquad 5\text{-}3$$

$$S = \sqrt{P^2 + Q^2} = \sqrt{(S \cdot cos\varphi)^2 + (S \cdot sin\varphi)^2}$$

La différence de phase entre la tension et le courant peut être exprimée comme suit :

$$\varphi = \tan^{-1}\frac{P}{Q} \qquad\qquad 5\text{-}4$$

Tout comme nous avons appris avec l'impédance que la résistance ($R$) et la réactance ($X$) ne sont que des cas particuliers de l'impédance ($Z$), nous pouvons également imaginer ici de manière simplifiée que la puissance active (P) et la puissance réactive (Q) sont des cas particuliers (en fait des composants) de la puissance apparente (S). De manière générale, la puissance active est simplement la puissance consommée par les composants ohmiques (par exemple la résistance) et la puissance réactive est la puissance stockée dans les composants réactifs sous forme d'énergie.

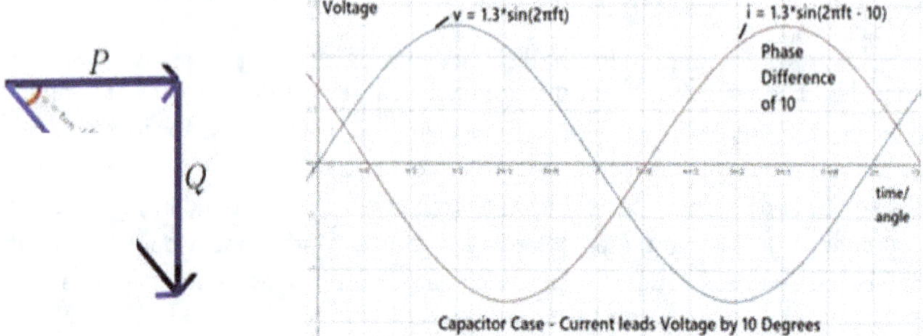



*Figure 33 : à gauche : Triangle de puissance - à droite : différence de phase (10 degrés) dans le cas d'un condensateur*

## Facteur de puissance :

La puissance réactive peut être considérée comme un déchet ou un sous-produit désobligeant, elle doit donc être réduite au minimum. Ceci est mesuré par le rendement énergétique, appelé facteur de puissance. $\lambda$ (également appelé facteur de puissance "PF" ou "p.f."). Le facteur de puissance est essentiellement une mesure de la qualité de l'énergie dans le circuit. L'absence totale de puissance réactive signifierait une qualité d'énergie parfaite. En termes mathématiques, cela signifie :

$$\lambda = \frac{|\vec{P}|}{|\vec{S}|} = \frac{S \cdot cos\varphi}{S} = cos\varphi$$

$$\lambda = \frac{|\vec{P}|}{|\vec{S}|} = \frac{I^2 \cdot R}{I^2 \cdot Z} = \frac{R}{Z}$$

Le facteur de puissance est donc simplement le cosinus de l'angle de phase, et lorsque l'angle de phase atteint zéro, la qualité de puissance maximale ($\lambda = cos\varphi = 1$) est atteint, puisque dans ce cas la puissance réactive ($S \cdot sin\varphi$) est égal à zéro.

### Qu'est-ce que ça veut dire ? - La performance n'est-elle pas égale à la puissance ?

Pour commencer, il peut être assez déroutant de savoir pourquoi la performance n'est pas la même chose que le rendement. Pourquoi distingue-t-on ici deux pouvoirs, et pourquoi leur a-t-on donné certains noms ? Si la puissance active est la puissance dont la charge a besoin pour fonctionner normalement (produit de la chaleur, relativement facile à imaginer), quel rôle joue cette puissance dite réactive ? Ces questions peuvent être déroutantes au premier abord, mais tout s'explique si l'on examine de plus près le principe de fonctionnement des éléments de puissance réactive.

Réfléchissez un instant et rappelez-vous que les condensateurs s'opposent à une variation de la tension et que les inducteurs s'opposent à une variation du courant. La différence de phase ($\varphi$) se produit principalement en raison de l'effet opposé des éléments réactifs à ces changements de tension et de courant. Nous savons déjà que les condensateurs absorbent la tension au cours du premier quart de cycle (charge) et la restituent au cours du deuxième quart de cycle (décharge). La même chose se produit avec les inducteurs, mais au lieu de prendre une tension, ils prennent du courant. Comme ils absorbent (consomment) et libèrent du courant, on peut dire que l'énergie (ou le pouvoir) est stockée dans les éléments réactifs sous forme de champs. Dans le cas des condensateurs, il s'agit d'un champ électrique et dans le cas des inducteurs, d'un champ magnétique.

Si nous augmentons l'inductance et la capacité des composants électroniques, ils peuvent offrir plus de résistance à un changement et l'angle de phase augmente. Comme cas particulier pour une meilleure compréhension, considérons le pire scénario où la différence de phase atteint 90 degrés (maximum). La seule puissance dont dispose le circuit à ce stade est la puissance réactive ($S = 0$, $da\ cos(90) = 0$). Physiquement, cela signifie que toute la puissance circule simplement entre la source et la charge.

Nous connaissons déjà les avantages des condensateurs et des inductances. Dans les systèmes d'alimentation électrique, les inducteurs sont principalement utilisés dans les moteurs électriques dont tout le mode de fonctionnement est basé sur la rotation générée par le champ magnétique de l'inducteur. Ici aussi, une partie de l'énergie est "gaspillée" sous forme de puissance réactive. Cette situation doit être atténuée dans la mesure du possible. Pour atténuer l'effet de la puissance réactive dans le cas des inducteurs, on utilise des condensateurs connectés en série, par exemple. Pourquoi ? Vous trouverez peut-être la solution si vous réfléchissez un instant au déphasage. Nous avons appris que le déphasage d'une inductance est opposé au déphasage d'un condensateur. Ainsi, si nous obtenons une puissance réactive de 1 kVAr d'une source, un condensateur ajouté de 700 VAr fournit déjà 700 VAr à l'inducteur. La source ne doit donc plus fournir que 300 VAr de puissance réactive à l'inducteur, ce qui permet d'"économiser" 700 VAr. L'ajout de condensateurs à la charge inductive de cette manière pour réduire la chute de puissance réactive est appelé **correction du facteur de puissance**. **En** résumé, l'objectif est simplement de minimiser les transactions d'énergie entre l'élément réactif et la source. Ces transactions énergétiques se produisent parce que les éléments réactifs stockent de l'énergie sous forme de champs (magnétiques et électriques).

## 5.3 Courant alternatif monophasé et triphasé

Bien sûr, les systèmes à courant alternatif ne sont pas non plus totalement parfaits, mais ils sont tout de même meilleurs pour la transmission d'énergie que le courant continu. L'un des avantages du courant alternatif par rapport au courant continu est la possibilité d'un système triphasé (également appelé : courant lourd, courant triphasé, courant de puissance).

Un système monophasé (courant domestique normal, câble à trois fils) ne nécessite en principe que deux fils : la **phase (L)** et le **conducteur neutre (N)**. En outre, il y a généralement un **conducteur de protection (PE)** pour la mise à la terre de protection. La phase / le conducteur extérieur (L) (généralement une gaine brune, noire ou rouge) est un fil conducteur de courant. Le conducteur neutre (N), quant à lui, est généralement gainé de bleu.

Le courant circule dans le câble de phase en direction de la charge et après avoir cédé tout son potentiel (tension) à la charge (ou après que la charge l'ait pris au courant), il retourne à la source via le conducteur neutre pour obtenir plus de tension.

Les systèmes triphasés (3ϕ) ont la particularité d'avoir trois phases ou fils sous tension (L1, L2, L3). Cependant, ils <u>ne</u> nécessitent <u>pas</u> trois conducteurs neutres ou conducteurs de protection, mais se contentent d'un conducteur neutre et d'un conducteur de protection chacun. Les câbles d'alimentation ont donc un total de cinq âmes (L1, L2, L3, N et PE).

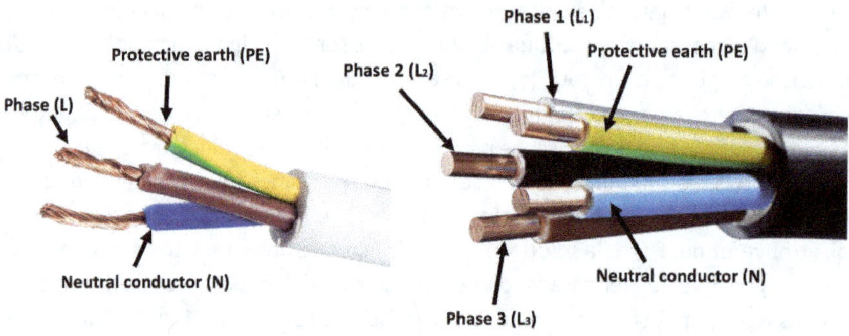


*Figure 34 : 3 fils (à gauche) pour le courant monophasé et 5 fils (à droite) pour le courant fort*

Les trois courants sont décalés avec un déphasage de 120 degrés. Les trois bobines d'un générateur produisent ces trois phases de l'alimentation en courant alternatif. Ainsi, dans les systèmes triphasés, la tension alternative peut atteindre sa valeur de crête trois fois en un cycle. Cette caractéristique des systèmes 3ϕ crée un champ magnétique tournant, nécessaire au fonctionnement des machines à courant alternatif.

Avec un angle de phase de 120 degrés , nous pouvons décrire les tensions des trois phases (A, B et C) comme suit :

$$\boldsymbol{U_{AN}} = U_P < 0°$$
$$\boldsymbol{U_{BN}} = U_P < -120°$$
$$\boldsymbol{U_{CN}} = U_P < -240°$$

5-6

N représente ici le conducteur neutre et $U_P$ est la magnitude de la **tension de phase**. La tension de phase est formellement définie comme la tension entre le conducteur et le conducteur neutre. Le courant d'une phase est appelé **courant de phase.**

La **tension de ligne est** la tension entre deux phases.

$$U_{AB} = U_{AN} - U_{BN} = U_P < 0° + U_P < -120° = \sqrt{3}U_P < 30° \quad \text{5 -7}$$
$$U_{BC} = \sqrt{3}U_P < -90°$$
$$U_{CA} = \sqrt{3}U_P < -210°$$

L'équation 5-7 montre que l'amplitude de la tension du réseau est liée à la tension de phase comme suit :

$$U_L = \sqrt{3}U_P \qquad \text{5 -8}$$

L'équation 5-7 montre également que dans les trois phases, la somme de toutes les tensions est égale à zéro, c'est-à-dire : $U_{AB} + U_{BC} + U_{CA} = 0$.

Enfin, en utilisant KCL, on obtient que la somme de tous les courants (qui est égale au courant neutre) est également égale à zéro.

### Charge équilibrée :

Une charge connectée à un système de courant alternatif triphasé peut être équilibrée ou déséquilibrée. Comme son nom l'indique, équilibré signifie que toutes les phases sont chargées de manière égale. Déséquilibré, en revanche, signifie que les phases sont inégalement chargées.

Une charge symétrique peut être configurée de deux façons : L'un est en configuration étoile (Y) et l'autre est en configuration delta (Δ) . Dans la charge en étoile, les trois fils de phase sont connectés à un point commun en étoile et à un conducteur neutre. Cette configuration est utilisée dans la distribution actuelle.

L'alimentation principale du réseau électrique est connectée à un transformateur Δ-Y (transformateur delta-star), qui convertit l'alimentation Δ en Y. En raison du neutre en Y, une alimentation monophasée avec un neutre (commun) peut être fournie à partir de ces 3ϕ à des consommateurs (tels que des bâtiments résidentiels) ayant des exigences de charge relativement faibles. C'est pourquoi nous avons trois fils dans nos appareils quotidiens et dans la maison (prise normale), dont l'un est le neutre et l'autre la phase. La troisième âme est le conducteur de protection (PE) pour la mise à la terre de protection, comme déjà mentionné. Ce conducteur de protection n'est parfois pas présent (par exemple, dans les simples prises pour lampes).

Les tensions de ligne dans une configuration de charge en étoile sont différentes des tensions de phase (d'un composant), tandis que le courant de ligne est le même que le courant de phase (puisque la charge est connectée en série). Tout comme nous avons dérivé les tensions de ligne précédemment, la même stratégie peut être utilisée ici :

**CONFIGURATION**
**EN ÉTOILE**
$$U_L = \sqrt{3}U_P$$
$$I_L = I_P$$
5-9

Une configuration en triangle, en revanche, ne comporte que trois phases connectées en anneau et ne possède pas de conducteur neutre. La configuration en delta a ses applications dans la transmission de la tension. En dehors de cela, la configuration en triangle est utilisée dans les machines électriques. La tension du réseau dans le triangle est égale à la tension de la phase (puisque la charge est connectée en parallèle) :

**CONFIGURATION**
**DELTA**
$$U_L = U_P$$
$$I_L = \sqrt{3}I_P$$
5-10

Les consommateurs domestiques ordinaires (par exemple, un sèche-cheveux, une machine à laver, une lampe) n'ont besoin que d'une seule phase. Ainsi, à partir de l'alimentation triphasée du raccordement électrique, une phase unique avec un neutre est distribuée dans les différentes zones de la maison. Toutes les charges domestiques ont un neutre commun, qui est utilisé pour équilibrer les déséquilibres. Pour mesurer ces déséquilibres, C. L. Fortescue a mis au point la méthode des **composantes symétriques**, qui stipule que chaque phase a trois composantes, appelées zéro, positive et négative. Cette méthode est utile pour résoudre les problèmes de charges déséquilibrées. Cependant, nous n'entrerons pas dans les détails ici.

Les centrales électriques essaient généralement de maintenir l'équilibre de la charge, c'est-à-dire qu'elles prévoient la demande de la charge et la distribuent de manière égale à chaque phase.

## 5.4 Comment l'électricité entre-t-elle dans la maison ? Les systèmes

### d'alimentation électrique

Dans cette section, nous concluons le chapitre par un aperçu de la manière dont l'électricité est maintenant distribuée depuis les centrales de production jusqu'aux consommateurs finaux.

Le principal composant d'un système d'alimentation en courant alternatif est le transformateur, que nous aborderons plus en détail dans le chapitre suivant. En termes simples, les transformateurs ne font qu'augmenter ou diminuer la tension. Ils ont deux faces, l'une est dite primaire, l'autre secondaire. La puissance et l'impédance des deux côtés restent constantes, de sorte qu'une modification de la tension modifie le courant de la manière suivante (loi d'Ohm) : si vous augmentez la tension, le courant diminue, ce qui, en fin de compte, réduit la puissance dissipée. Aujourd'hui, nous pouvons également transformer le courant continu en haute tension, mais en raison de divers autres avantages, les systèmes à courant alternatif restent préférables. Un réseau de transmission et de distribution suit les étapes suivantes :

1) L'électricité est (généralement) **"générée"** avec 11kV

2) Pour réduire les pertes de puissance, ce 11 kV est ensuite converti en 132 kV pour la transmission. A partir de ce point, le système en triangle (3$\phi$, triphasé) est utilisé pour la **transmission.** 132 kV est un choix optimal, car une augmentation supplémentaire entraînerait davantage de coûts (par exemple pour l'isolation des fils, les appareillages de commutation et autres équipements de transformation) et ne permettrait donc plus une augmentation économique. Si la tension devait être augmentée davantage, les coûts augmenteraient plus que l'énergie.

3) Les **stations de réception** abaissent ensuite cette tension à 33 kV et transmettent l'alimentation aux stations du réseau de la ville. Cette transmission s'effectue de préférence sous terre.

4) **Les stations du réseau** régulent ensuite cette tension jusqu'à 11 kV et la distribuent via les transformateurs des stations du réseau.

5) Les transformateurs (transformateurs Δ-Y) abaissent ensuite encore la tension à 400 V et la livrent au **consommateur** avec un conducteur neutre. Certains pays (comme l'Amérique du Nord et le Canada) utilisent des systèmes de 210 V, mais le 400 V reste le plus courant. Selon le pays, 230 V ou USA : 110 V est alors disponible sur la prise domestique.

Des poteaux et des tours (pour l'alimentation en 132 kV) sont utilisés pour les lignes aériennes (voir figure 35).

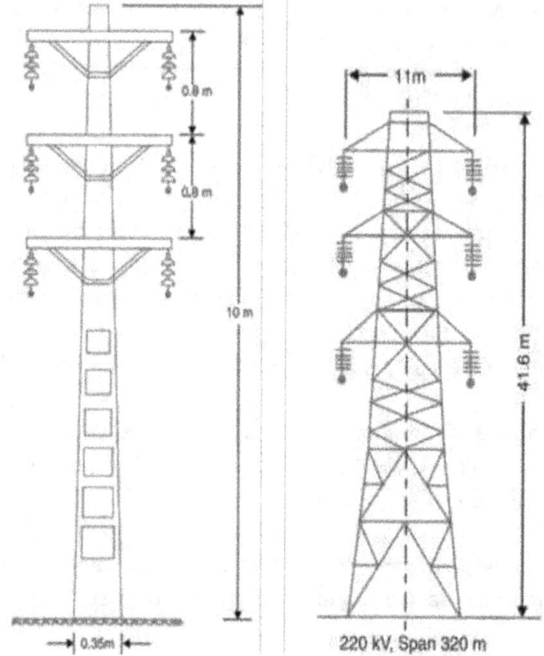


*Figure 35 : Mât de transmission (à gauche) et tour en acier (à droite)*

## 5.5 Protection du réseau électrique

Diverses défaillances peuvent se produire dans le système d'alimentation électrique, ce qui peut entraîner l'arrêt de l'ensemble du système de distribution et parfois causer de graves dommages à des équipements coûteux. Il est donc important de minimiser l'occurrence de ces pannes et, lorsqu'elles se produisent, de disposer d'un système qui protège les équipements coûteux et rétablit le courant dans les plus brefs délais.

Les raisons de ces défauts de court-circuit peuvent être, par exemple, des dommages à l'isolation, un coup de foudre, un accident spécifique ou même des catastrophes naturelles. Pour protéger le système, des relais avec des disjoncteurs (CB) sont utilisés pour éviter les surcharges de courant. Dans les systèmes de protection, le relais fonctionne selon différents modes avec les transformateurs de courant et de potentiel (TC et TP). Les transformateurs de courant réduisent l'ampérage à un niveau inférieur (généralement 5 A standard), et les transformateurs de potentiel réduisent les tensions. Un transformateur de courant avec un secondaire de 5 A est normalement connecté à un dispositif de relais qui déclenche les disjoncteurs en cas de défaut.

Les dispositifs de détection dans la détection des défauts sont donc des relais. La qualité d'un relais fiable est qu'il doit garantir la fiabilité (le relais fonctionne sur tous les défauts) et la sécurité (le relais ne fonctionne pas sur les faux défauts). Les relais sont conçus en fonction de ces deux paramètres. Le réglage de ce que l'on appelle la valeur de sélection du relais (limite de tension pour le fonctionnement du relais) est destiné à assurer la fiabilité et le réglage de la temporisation (délai après la disparition des signaux CB du relais) est destiné à assurer la sécurité.

Outre les relais électromagnétiques mécaniques traditionnels, il existe désormais des relais à semi-conducteurs avec commande pilote et fonctionnement autonome. Ces relais peuvent être utilisés dans des concepts tels que le "réseau intelligent". Le problème avec les pannes est qu'une fois qu'elles se produisent, elles nécessitent généralement une intervention humaine. Pour réduire les erreurs humaines (de prise de décision), ce concept de relais autonome, comparable au concept de conduite autonome, offre un énorme potentiel d'amélioration. Toutefois, la mise en œuvre est (encore) limitée en raison des contraintes de ressources et de complexité.

# 6 Machines électriques

L'électricité est devenue une source principale d'énergie pour nous, car l'énergie dont nous avons besoin pour nos tâches quotidiennes et nos loisirs (travailler, faire du café, faire la lessive, regarder la télévision...) peut être obtenue en convertissant l'énergie électrique en d'autres formes. Lorsque nous effectuons un travail mécanique (par exemple, percer un trou avec une perceuse), cela nécessite la conversion de l'énergie électrique en une sorte d'énergie de rotation. Les moteurs électriques en sont la base. La reconversion de l'énergie mécanique en énergie électrique est à son tour possible à l'aide de générateurs. En gros et en termes simplifiés, d'ailleurs, tout moteur électrique peut être utilisé comme générateur en même temps que tout générateur peut être utilisé comme moteur électrique en même temps, car ils ont la même conception. Cela dépend uniquement du fait que le courant soit connecté ou que l'arbre soit mis en rotation par un travail mécanique et que le courant soit ensuite prélevé aux connexions.

Dans ce chapitre, nous aborderons la physique, les principes de base et le fonctionnement des machines électriques. Ce chapitre est destiné à une compréhension de base des machines électriques. D'ailleurs, nous ne traiterons que des moteurs électriques au cours de ce chapitre, puisque les générateurs, comme nous l'avons déjà mentionné, sont structurellement identiques.

## 6.1 Champ magnétique et machines électriques- notions de base

### 6.1.1 La loi d'induction de Faraday

Comme nous l'avons déjà appris, un conducteur parcouru par un courant et enroulé autour d'un noyau magnétique produit un champ magnétique (**loi d'Ampère**). De même, nous savons déjà que la variation du champ magnétique induit une tension dans un inducteur (**loi de Faraday**).

Un fil porteur de courant qui génère un champ magnétique a un certain **flux magnétique** Φ. Ce flux magnétique Φ dépend du nombre de tours de la bobine (n) enroulée autour d'un noyau magnétique de longueur ($l_c$ ) et de surface (A). Plus le matériau utilisé pour le noyau est magnétique, plus ce flux génère du courant. Cette capacité d'un matériau à être magnétisé est appelée sa **perméabilité** (μ).

**loi d'Ampère**

$$\Phi = \mu \cdot I \cdot \frac{n \cdot A}{l_c} = k_1 \cdot I \Rightarrow \Phi \propto I \qquad \text{6 -1}$$

La perméabilité de l'acier, par exemple, est environ 1600 fois supérieure à celle de l'air, de sorte que le flux magnétique dans l'acier induit 1600 fois plus de courant que le flux magnétique dans l'air.

Dans les machines électriques, nous sommes principalement concernés par le **flux de liaison** (également flux d'induction, flux de liaison, flux de bobine) $\psi$, qui est défini comme le flux magnétique total d'une bobine (inducteur). On l'obtient en intégrant la densité du flux magnétique sur la surface de la bobine, y compris les connexions. Pour un champ homogène (lignes de champ d'intensité et de direction égales) dans le noyau, on peut toutefois l'exprimer en termes simplifiés pour une bobine à n spires comme suit :

$$\psi = n \cdot \Phi = \mu \frac{n^2 A}{l_c} \cdot I = L \cdot I \qquad 6\text{-}2$$

Si nous établissons une comparaison avec le condensateur, où nous avions la capacité (C) dépendant du milieu diélectrique ($\varepsilon$), de la distance entre les plaques (d) et de leur surface (A), ici nous avons l'inductance L d'une bobine dépendant de "n", "A", "$l_c$" et "$\mu$".

Il s'applique donc :

| | | |
|---|---|---|
| **La loi d'induction de Faraday** | $\dfrac{d\psi}{dt} = U_{ind} = -n \cdot \dfrac{d\Phi}{dt}$ | 6-3 |

### 6.1.2 La loi magnétique-ohmique

Lorsque le courant électrique circule dans une bobine, il induit un champ magnétique dans le noyau. Plus la résistance magnétique (**réluctance** ; $R_m$) du noyau est faible, plus la force électromotrice F est élevée, ce qui augmente le flux magnétique ($\Phi$) est généré par le courant. Tout comme les résistances électriques dans un circuit en série, la réluctance du circuit magnétique s'additionne $R_{m1} + R_{m2} + \dots + R_{mn}$ et tout comme dans le circuit électrique parallèle, on obtient l'expression suivante : $\left(\dfrac{1}{R_{m1}} + \dfrac{1}{R_{m2}} + \dots + \dfrac{1}{R_{mn}}\right)^{-1}$.

### 6.1.3 Force dans un conducteur parcouru par un courant dans un champ magnétique

Si nous plaçons un conducteur parcouru par un courant dans un champ magnétique de densité **B (densité de flux magnétique)**, cela induit une force, appelée **force de Lorentz**, sur ce conducteur. La raison de cette force est simplement l'interaction entre le conducteur et le champ magnétique environnant.

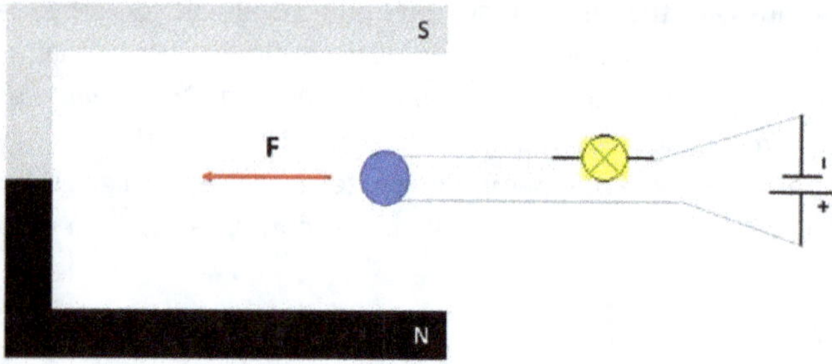

*Figure 37 : Un conducteur (bleu) parcouru par un courant subit une force (de Lorentz) dans un champ magnétique.*

Le vecteur de cette force est :

$$\mathbf{F} = I \cdot (\mathbf{l} \times \mathbf{B}) \;\rightarrow\; F = I \cdot l \cdot B \cdot sin\theta \qquad\qquad 6\text{-}5$$

$$F \cdot r = \tau = r \cdot I \cdot l \cdot B \cdot sin\,\theta \qquad\qquad 6\text{-}6$$

Le "r" est ici le rayon de la boucle et est nécessaire pour obtenir l'équation du couple et "B" est ici la densité du flux magnétique.

En outre :

$$\Phi = B \cdot A \qquad\qquad 6\text{-}7$$

Pour déterminer la direction de la force ou du vecteur force, il existe la règle dite de la main droite, dont vous avez peut-être entendu parler. Si vous avez du mal à comprendre les formules ci-dessus, imaginez simplement que la force est ici perpendiculaire à un plan I x B ( $\mathbf{F} \perp \mathbf{I} \times \mathbf{B}$ ). Donc, puisque la force est une composante perpendiculaire du plan I x B, selon la loi des triangles, on peut utiliser $sin\,\theta$ peut être utilisé. Comme le courant n'est pas une quantité vectorielle, nous prendrons ici sa longueur **(l)** comme un vecteur. Rappel : Avec le **produit en croix de** deux vecteurs, le produit en croix de deux vecteurs perpendiculaires entre eux donne un nouveau vecteur perpendiculaire aux deux vecteurs initiaux.

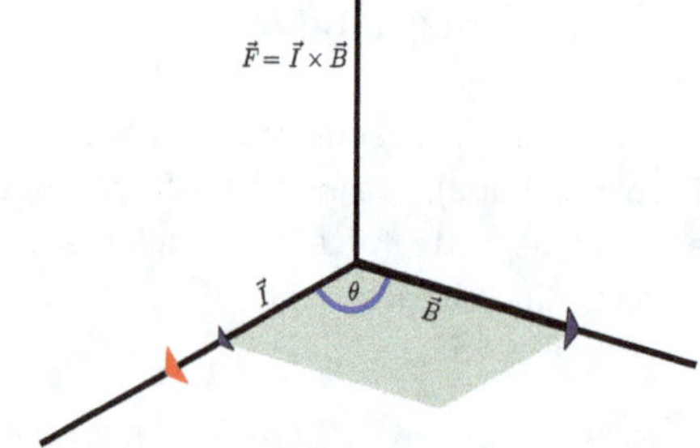

*Figure 38 : multiplication vectorielle de deux vecteurs, représentée ici dans le plan 3D*

## 6.1.4 Tension dans le conducteur parcouru par le courant dans un champ magnétique

Nous savons déjà qu'une modification du champ magnétique induit une tension dans un conducteur et qu'un courant commence donc à y circuler. Considérons maintenant un conducteur qui se trouve dans un champ magnétique et dans lequel circule un courant I. Le courant crée un champ magnétique, qui interagit ensuite avec le champ magnétique environnant, ce qui entraîne une modification du champ magnétique. Cette variation du champ magnétique induit alors une tension dans ce conducteur avec la valeur :

$$U_{\text{ind}} = (\mathbf{v} \times \mathbf{B}) \cdot \mathbf{l} \Rightarrow U_{ind} = v \cdot B \cdot sin\theta \cdot l \cdot cos\theta \qquad \text{6 -8}$$

## 6.1.5 Couple dans une boucle conductrice de courant

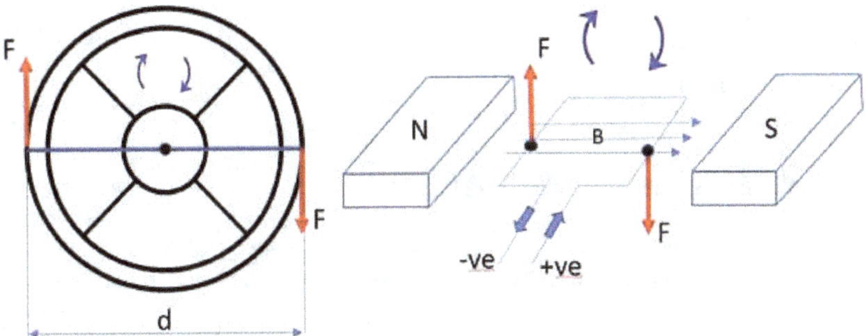


*Figure 39 : Paire de forces dans une boucle conductrice de courant dans un champ magnétique*

Si nous plaçons un conducteur parcouru par un courant (forme rectangulaire ; bobine) dans un champ magnétique, comme indiqué sur la figure 39, ce champ magnétique génère un couple (comme en mécanique : par exemple, lorsque l'on dirige avec un volant, voir figure 39), qui fait tourner le conducteur dans ce champ magnétique. En reprenant l'exemple du volant, il suffit d'imaginer le volant comme un cercle d'un certain diamètre d.

Lorsque nous braquons à droite (c'est-à-dire que nous tournons le volant dans le sens des aiguilles d'une montre), nous appliquons une force vers le haut sur le côté gauche du volant et une force vers le bas sur le côté droit avec nos mains. Les vecteurs de force sont donc de directions opposées. Le même principe est utilisé dans le cas d'un moteur électrique. Ici, le vecteur densité (**densité de flux magnétique B**) du champ magnétique environnant est fixé. Ainsi, si la direction du fil conducteur (vecteur **L**) change, la force (**F**) changera également. Si les deux conducteurs sont alignés avec le champ magnétique, les forces s'annulent. (Exemple du volant : si vous retirez vos mains du volant, il s'aligne au point mort). Ce qui suit est d'application générale :

$$\tau = \frac{d}{2}Fsin\theta + \frac{d}{2}Fsin\theta = dFsin\theta = 2rF\,sin\,\theta \qquad 6\text{-}9$$

Ici $\frac{d}{2}$ (= r) est simplement le bras de levier (rayon) à partir du point de pivot (centre) de la boucle conductrice (cercle ; dans l'exemple, ce serait le centre du volant). Si vous insérez maintenant "F" de l'équation 6-5 et que vous la convertissez, vous obtenez une forme simple et belle qui peut décrire le fonctionnement entier d'un moteur électrique. L'équation suivante décrit le couple ($\tau$) d'une bobine porteuse de courant dans un champ magnétique externe :

$$\tau = N \cdot I \cdot A \cdot B \cdot sin\theta \qquad 6\text{-}10$$

$\theta$ : Angle entre les lignes de champ et une perpendiculaire au plan de la bobine
I : Courant
A : Surface de la bobine
B : Densité du flux magnétique
N : Tours de la bobine

## Tension dans une boucle conductrice de courant :

Pour obtenir la tension induite dans cette boucle, nous pouvons suivre l'équation 6-8. En suivant les mêmes procédés, nous pouvons établir une équation analogue à celle ci-dessus :

$$U_{ind} = 2vBL\,sin\,\theta \qquad 6\text{-}11$$

Ce qui résulte après le réarrangement :

$$U_{ind} = \Phi_{max}\omega\,sin\,\theta \qquad 6\text{-}12$$

## 6.2 Transformateurs

Les transformateurs sont essentiellement des machines électriques qui suivent le principe de **l'induction électromagnétique**, plus précisément de l'induction mutuelle (également : induction **mutuelle**, auto-induction, couplage inductif). Un transformateur se compose généralement de deux (ou plusieurs) bobines placées relativement près l'une de l'autre, par exemple sur un noyau magnétique commun (fer).

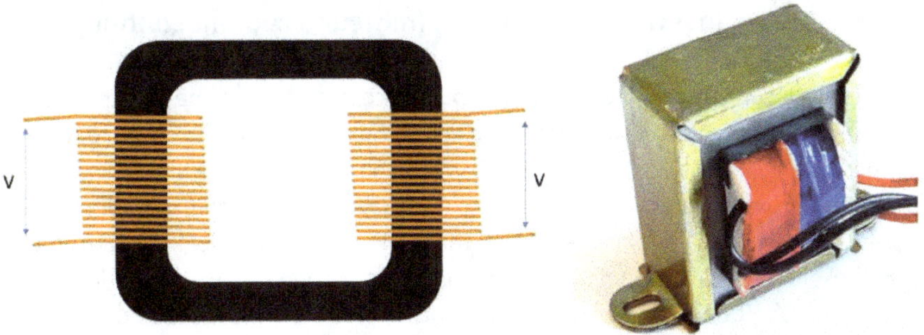

*Figure 40 : Principe schématique d'un transformateur (à gauche) et exemple réel d'un transformateur (à droite)*

En termes simples, cette induction mutuelle dans un transformateur (transformateur) fonctionne alors comme suit : Une tension alternative (~) et le courant alternatif associé génèrent un champ magnétique à proximité de la première bobine (côté primaire). Celle-ci génère (induit) une tension dans la deuxième bobine (côté secondaire). Le courant alternatif à variation constante dans la première bobine induit donc une tension dans la deuxième bobine. Il s'agit également d'une tension alternative et elle a la même fréquence que la première tension.

Si nous connectons une source de tension $U_P$ (côté primaire) à la bobine 1, ce qui induit donc une tension $U_S$ (côté secondaire) dans la deuxième bobine. Le courant que ces tensions produisent dépend de l'inductance (L) des bobines et donc aussi du nombre de tours (N) des deux bobines. On peut donc dire que le rapport du nombre de spires de deux bobines est égal au rapport des deux tensions.

**VOLTAGE**
$$\frac{U_P}{U_S} = \frac{N_P}{N_S} = a$$
6- 13

Ici, "a" représente le **rapport de transmission du transformateur**.

La puissance des transformateurs peut être définie par l'équation 5-2 comme suit :

$$P_{in} = U_p \times I_p \cos \varphi \text{ et } Q_{in} = U_p \times I_p \sin \varphi$$
$$P_{out} = U_s \times I_s \cos \varphi \text{ et } Q_{out} = U_s \times I_s \sin \varphi$$
6-14

Comme la puissance dans les deux bobines du transformateur est la même, la règle suivante s'applique :

$$P_{in} = P_{out} \Rightarrow U_P \cdot I_P = U_S \cdot I_S$$
6- 15

## 6.3 Machines à courant continu (moteur à courant continu)

Lorsque nous connectons une source de courant continu à la bobine rectangulaire de la figure 39, le courant (**I**) commence à circuler. Le flux de ce courant continu dans cette bobine rectangulaire, qui se trouve dans un champ magnétique, induit une paire de forces des deux côtés. Comme cette force fait maintenant tourner la bobine de 180 degrés, la direction de la paire de forces change lorsque la polarité de la tension aux bornes est la même. Dans la figure 39, la borne +ve produit une force vers le bas et la borne -ve produit une force vers le haut. Donc, si nous échangeons ces bornes (figure 41) et appliquons à nouveau la règle de la main droite, cette inversion du courant déplace la direction de la force. En raison de ce décalage, le moteur atteint un état d'équilibre après avoir effectué ce cycle de 180 degrés (comme le montre l'illustration suivante $\sum \tau = 0$(rappelez-vous ce qui se passe lorsque vous lâchez le volant), et ne tourne plus.

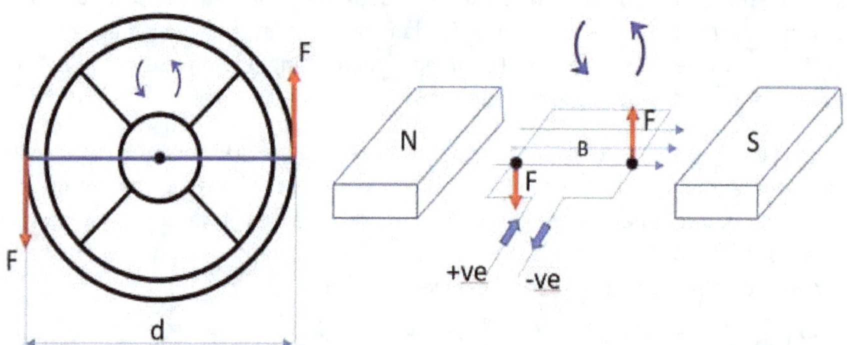



*Figure 41 : montre la figure 39 après une rotation de 180 degrés de la bobine dans un champ magnétique. Le décalage de la tension aux bornes modifie la direction de la force.*

Pour résoudre ce problème, on utilise une construction ingénieuse appelée **collecteur**. En effet, pour le mouvement continu d'un moteur à courant continu, nous avons besoin d'un composant qui permute automatiquement les tensions positives et négatives de l'alimentation en courant continu connectée. Nous l'avons déjà reconnu dans le paragraphe précédent. Le **collecteur** est simplement un composant qui crée un changement de pôle dans la partie tournante (**rotor**). Cela se fait au moyen de balais (**balais de carbone**) qui sont connectés en tant que contacts fixes et bouclent sur une bague qui a deux interruptions. Fondamentalement, ce n'est rien d'autre qu'un composant qui interrompt temporairement le flux de courant.

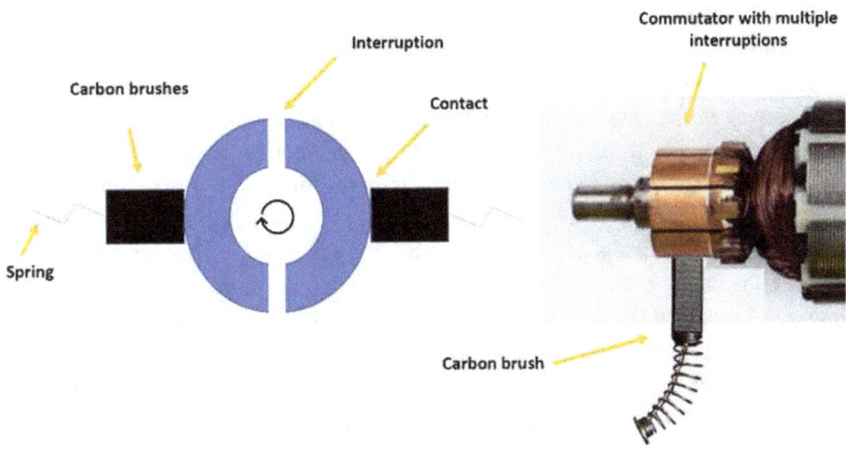


*Figure 42 : Commutateur (à gauche : schéma, à droite : réel) d'un moteur à courant continu.*

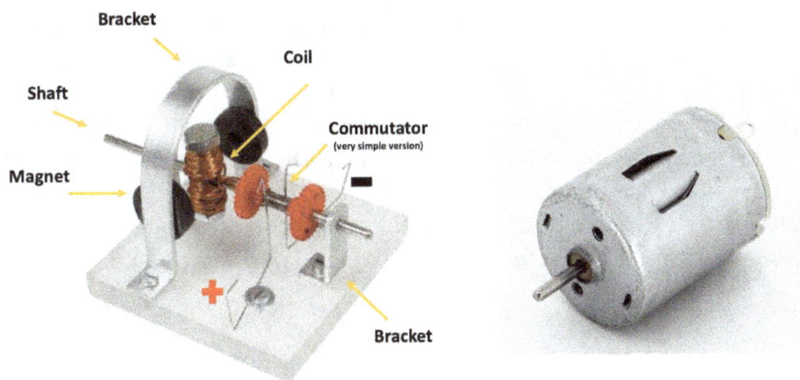


*Figure 43 : moteur électrique à courant continu (à gauche : schéma, à droite : réel)*

Ces illustrations ne concernent que les machines bipolaires, ce qui signifie physiquement qu'il n'y a que deux fentes dans le moteur où les boucles sont enroulées. Vous pouvez l'imaginer comme suit. Prenez un fil de cuivre, par exemple, et enroulez-le autour de deux tiges. Commencez l'enroulement sur la première tige et terminez-le sur la deuxième tige. Cependant, nous pourrions également enrouler le fil autour de trois tiges, commencer par la première, enrouler du cuivre sur la deuxième et terminer l'enroulement sur la troisième. La structure d'un moteur électrique contient des fentes (au lieu de tiges) où sont enroulés ces enroulements. Ces enroulements sont communément appelés **enroulements d'induit**. L'enroulement de l'induit est placé dans ce qu'on appelle le **rotor**, qui est la partie tournante du moteur électrique. Un **arbre, qui** peut ensuite être fixé à ce rotor, est utilisé pour la sortie, c'est-à-dire l'utilisation de cette énergie mécanique à diverses fins. Dans le cas d'une perceuse, par exemple, d'un point de vue mécanique, le mandrin de la perceuse serait connecté ici, dans lequel à son tour une perceuse peut être serrée, qui tourne alors. En plus d'une structure bipolaire, il existe maintenant, comme nous l'avons mentionné précédemment, non seulement des moteurs bipolaires mais aussi des moteurs tripolaires. Dans une machine tripolaire, contrairement au schéma du collecteur (côté gauche de la figure 42), nous trouverions ici trois fentes ou interruptions dans le collecteur. On utilise souvent une machine à courant continu tripolaire et de nombreux moteurs simples sont déjà tripolaires. Parfois, un enroulement / bobine est installé à la place de l'aimant permanent (**stator**) dans le noyau. Cet enroulement / bobine de champ se comporte comme un électroaimant et fournit ainsi un champ magnétique environnant à ce conducteur porteur de courant. Le moteur avec un aimant permanent est généralement appelé moteur à courant continu à aimant permanent (PMDC) et celui avec un enroulement de champ, c'est-à-dire une bobine dans le noyau, un moteur électromagnétique.

### 6.3.1 Analyse des circuits avec moteurs à courant continu

La résolution de circuits avec des moteurs à courant continu (CC) est relativement simple, car on sait qu'ils ne contiennent qu'un rotor et un stator. Les circuits avec des moteurs à courant continu à aimant permanent (aimant dans le noyau) ne sont pas si complexes car le champ magnétique de l'aimant permanent est constant et peut donc être traité comme une simple constante. Pour faire varier le couple et la vitesse d'un tel moteur à courant continu, il suffit d'influencer / de modifier le courant dans l'enroulement d'excitation. Le circuit équivalent du rotor contient une tension simple ($U_R$), et sa résistance ($R_R$) - et la partie champ contient la résistance ($R_F$) et l'inductance ($L_F$).

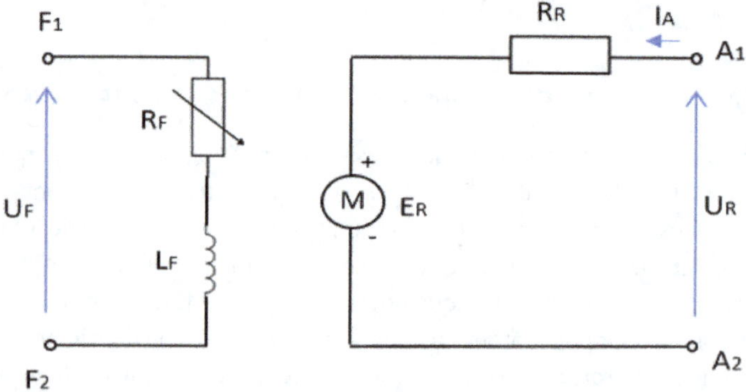


*Fig. 6 9 : Moteur à courant continu*

Les tensions aux bornes peuvent être facilement libérées par le KVL. La tension $U_R$ ici, comme nous le savons de l'équation 6-8, est simplement la tension induite aux bornes de la bobine. Cette équation peut être convertie en forme de vitesse angulaire comme suit :

de l'équation 6-8 :

$$U_A = vBl = r\omega Bl = rlB \cdot \omega = AB \cdot \omega \qquad\qquad 6\text{-}17$$

de l'équation 6-7 :

$$U_A = \Phi\omega$$

Le couple peut être dérivé de la même manière qu'à partir de l'équation 6-6 comme :

de l'équation 6-6 :

$$\tau = rI_A lB = rlB \cdot I_A = AB \cdot I_A \qquad\qquad 6\text{-}18$$

$$\tau = \Phi I_A$$

De la même manière, nous pouvons définir la puissance d'un moteur à courant continu (similaire à la puissance d'un moteur à combustion interne en "chevaux-vapeur") comme suit :

$$P = \frac{W}{t} = \frac{Fd}{t} \qquad\qquad 6\text{-}19$$

$$v = \frac{d}{t} = r\omega \;\Rightarrow$$

$$P = \frac{\frac{\tau}{r} \cdot (vt)}{t} = \frac{\tau}{r} \cdot (v) = \frac{\tau}{r} \cdot (r\omega)$$

$$P = \tau\omega$$

## 6.4 Machines à courant alternatif (moteurs à courant alternatif)

### 6.4.1 Principes de base des moteurs à courant alternatif

Nous savons déjà qu'un champ magnétique induit une force ou un couple dans une boucle parcourue par un courant. Regardons à nouveau la figure 39, ici la force sur le conducteur gauche de la boucle est dirigée vers le haut parce que le pôle nord de l'aimant permanent n'est pas aligné avec le champ magnétique du conducteur porteur de courant. Comme deux pôles égaux se font face, ils se repoussent, ce qui crée un couple dans le conducteur. Ce couple déplace alors le conducteur gauche de la boucle vers le pôle sud de l'aimant permanent. Dans cette position (figure 41), le pôle nord du conducteur faisant face au pôle sud, la boucle atteint l'équilibre et le mouvement s'arrête ($\sum \tau = 0$). Nous en avons conclu qu'après un virage à 180 degrés, le mouvement du moteur s'arrête (figure 41), car lorsque le courant change, les forces changent également.

En résumé, nous pouvons dire que le champ magnétique du conducteur (**rotor**) essaie toujours de s'adapter au champ magnétique de l'aimant externe (**stator**). On pourrait aussi dire que le pôle nord ou sud du rotor suit toujours le pôle sud ou nord du stator.

Pour résoudre ce problème, on utilise le collecteur dans les machines à courant continu, qui inverse le sens du courant après chaque tour de 180 degrés de la boucle. Nous le savons déjà. Mais il existe maintenant un autre cas où la nécessité d'un commutateur n'existe pas. A savoir, si nous pouvons d'une manière ou d'une autre rendre possible la rotation du champ magnétique du stator. Le rotor le suivra alors constamment et le mouvement rotatif ne s'arrêtera pas.

### 6.4.2 Le champ magnétique tournant

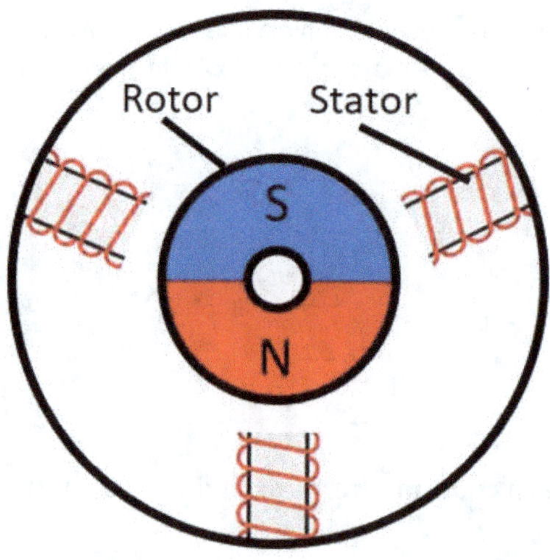


*Figure 45 : fonctionnement d'un moteur électrique en courant alternatif*

Dans les sections précédentes, nous avons appris que lorsque nous faisons passer un courant continu dans les enroulements du stator, un couple est induit dans la boucle qui, sans collecteur, n'existe que pour une rotation de 180 degrés. Mais si nous laissons maintenant passer un courant alternatif au lieu d'un courant continu, l'amplitude du champ électromagnétique varie de manière sinusoïdale, ce qui signifie qu'au cours d'un cycle, les pôles nord et sud s'alternent lorsque l'onde sinusoïdale se déplace du pic positif au pic négatif ("en haut et en bas"). Après une rotation de 180 degrés, le champ électromagnétique du stator soumis à un courant alternatif permute les pôles et donc les forces agissant sur le rotor se déplacent également. Pour permuter les pôles, nous n'avons pas besoin d'un composant spécial tel qu'un collecteur sous courant alternatif, puisque la propriété du courant alternatif remplace virtuellement ce composant et déplace lui-même les forces.

En raison de sa nature sinusoïdale, le moteur accélère dans le premier demi-quart de cycle, puis ralentit à nouveau dans le deuxième quart (onde sinusoïdale). Pour contourner ce problème, nous pouvons utiliser le courant alternatif triphasé. Dans le système triphasé, comme nous le savons déjà, nous avons un décalage de 120 degrés dans chaque phase, et si nous fixons maintenant ces phases à une distance de 60 degrés les unes des autres (360 degrés / 6 = 60 degrés), la direction de ce champ magnétique change, mais pas sa magnitude. Avec un courant alternatif triphasé, la direction du champ magnétique change (il tourne), mais sa magnitude reste la même. L'addition des champs magnétiques des trois courants du système triphasé dans des positions différentes permettrait également de prouver mathématiquement cet effet. Cependant, nous nous passerons ici de cette preuve.

### 6.4.3 Types de moteurs à courant alternatif

Il existe deux types de moteurs à courant alternatif : la **machine** synchrone (ou moteur à courant alternatif synchrone) et la **machine à induction** (asynchrone). Dans la **machine synchrone (SM), le** stator et le rotor fonctionnent de manière synchrone (par rapport au champ tournant). Lorsque les champs magnétiques du rotor (généré par la boucle conductrice de courant) et du stator interagissent, le rotor commence à "chasser" le champ électromagnétique triphasé du stator et finit par le rattraper (synchronisation).

L'autre variante est la **machine à induction (IM)**. Dans les machines synchrones, nous avons deux champs magnétiques, l'un provenant de la boucle porteuse de courant (rotor) et l'autre de la tension alternative triphasée (stator). Dans la machine à induction, en revanche, le courant électrique dans le rotor est généré (induit) par le champ magnétique de la bobine du stator. Regardons de plus près. A présent, nous connaissons déjà le concept d'induction mutuelle et la règle de Lenz. Si nous appliquons maintenant un courant alternatif triphasé aux enroulements du stator du moteur à induction, cela induit une tension dans la deuxième bobine (bobine du rotor). Ainsi, au lieu de générer un champ magnétique spécial par l'application d'un courant dans le rotor, comme c'est le cas pour les machines synchrones, ici le stator induit simplement une partie de son énergie dans le rotor, générant ainsi le courant dans le rotor. Ce champ magnétique du rotor induit par le stator agit toujours en sens inverse du champ magnétique du stator (règle de Lenz) et produit donc finalement le même effet qu'un moteur synchrone. La seule différence est qu'ici le rotor ne rattrape jamais le champ magnétique rotatif du stator et qu'il y a donc toujours un **glissement** entre eux. Le glissement indique ici simplement la différence de vitesse entre le rotor et le stator. Le glissement des machines synchrones, par contre, est toujours nul, c'est-à-dire inexistant.

**Pourquoi triphasé ?**

Si nous faisions fonctionner un moteur à induction avec un courant alternatif monophasé, il produirait un défaut dû à ce glissement et s'arrêterait après quelques tours. Le mouvement du moteur s'arrête lorsque le champ magnétique du rotor s'aligne avec celui du stator. Le glissement ici crée tôt ou tard un problème dans l'alignement du champ magnétique. Pour résoudre ce problème, nous utilisons un courant alternatif triphasé. Nous pouvons également utiliser un courant alternatif biphasé, chaque phase étant séparée de 180 degrés et éloignée de 90 degrés (360 degrés / 4 = 90 degrés). Dans ce cas, si la bobine est placée verticalement, la bobine sera attirée par la composante de phase horizontale lorsque nous allumons le moteur. Ainsi, la position du rotor n'a pas d'importance, une phase l'attire toujours (voir figure 46).

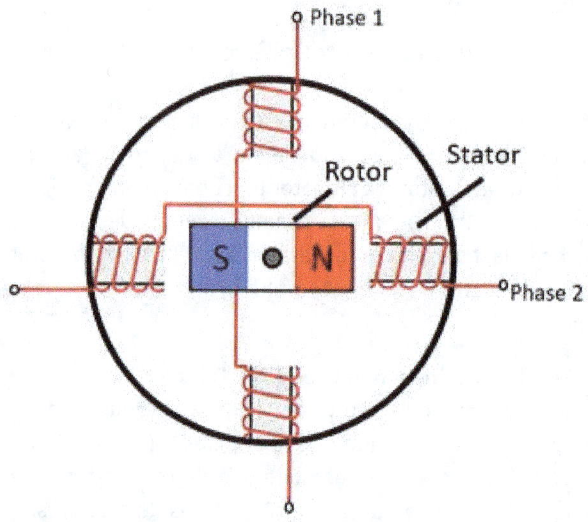


*Figure 46 : La position de l'aimant (rotor) n'a pas d'importance, un enroulement l'attire toujours.*

## Comment se fait-il qu'il soit toujours monophasé ?

Un simple ventilateur de plafond, par exemple, peut fonctionner avec un courant alternatif monophasé car il contient un condensateur (généralement 2,5 µF). Si ce condensateur est défectueux, vous remarquerez que le ventilateur ne démarre pas automatiquement. Les condensateurs créent simplement un déphasage de 90 degrés et créent donc, en quelque sorte, une condition biphasée dans ce ventilateur monophasé. Ainsi, chaque phase est séparée de 90 degrés dans ce cas (Figure 46) et le moteur peut démarrer tout seul. Les mathématiques des machines à courant alternatif dépassent le cadre de ce livre, mais il existe une équation importante à connaître. Cette équation relie la fréquence du courant alternatif à la vitesse. Si nous augmentons la fréquence du courant alternatif, les rotors se déplacent plus rapidement (car il y a maintenant plus de rotations de 360 degrés dans un cycle - à 50 Hz, par exemple, il y en a 50) :

$$Vitesse\ du\ rotor = \frac{120 \times \text{Fréquence stator (CA)}}{Nombre\ de\ pôles\ dans\ la\ machine} \cdot (1 - Glissement) \qquad 6\text{-}20$$

# 7 Énergies renouvelables

L'énergie est un besoin fondamental pour la croissance et le maintien d'une civilisation, car le travail nécessite de l'énergie. La consommation mondiale d'électricité en 2014 était d'environ 726,6 MWh. Près de 60 % de cette énergie a été produite à partir de combustibles fossiles, ce qui a entraîné une empreinte carbone totale d'environ 35,25 milliards de tonnes. Cette quantité de dioxyde de carbone contribue à la crise climatique mondiale et peut entraîner une hausse des températures, ce qui fait fondre davantage les glaciers et augmenter le niveau des océans de la planète. L'appauvrissement de la couche d'ozone permet à des niveaux plus élevés de rayonnement UV de pénétrer dans l'atmosphère terrestre, ce qui représente un risque accru pour la santé (cancer de la peau, etc.) pour nous, les humains. On suppose que la population mondiale atteindra environ 10 milliards de personnes d'ici 2050. Plus les gens seront nombreux et plus notre technologie sera complexe, plus nous aurons besoin d'électricité et d'énergie. Un approvisionnement important en **énergie verte** est important pour l'environnement ainsi que pour nous, les humains, pour les raisons mentionnées ci-dessus.

Pour des raisons économiques, il est difficile d'éliminer purement et simplement la production d'énergie à partir de combustibles fossiles, car l'énergie fait désormais partie intégrante de notre société en pleine évolution et la structure de production existante devrait être complètement modifiée. Nous devons encore trouver des méthodes de plus en plus performantes en termes de sources d'énergie renouvelables afin de minimiser l'impact sur l'environnement et notre avenir.

Dans ce chapitre, nous aborderons deux des sources d'énergie renouvelables les plus connues, à savoir les systèmes photovoltaïques et les éoliennes pour la production d'électricité. Il existe également d'autres sources d'énergie renouvelables, comme les centrales hydroélectriques, les piles à hydrogène, la biomasse et l'énergie géothermique. Mais à part l'hydroélectricité, ces méthodes présentent des problèmes d'efficacité et d'autres difficultés. Certaines d'entre elles, comme l'énergie géothermique, ne fonctionnent que dans certaines régions où se trouvent des sources d'eau chaude. C'est pourquoi, dans ce chapitre, nous n'examinerons que les deux énergies renouvelables les plus populaires qui peuvent nous aider à minimiser les émissions de carbone à grande échelle.

## 7.1 Systèmes PV - photovoltaïques

L'irradiance (unité : $W/m^2$) est la mesure de l'irradiation solaire reçue par unité de surface. Les différentes régions de la planète présentent des niveaux d'irradiation différents (voir la figure 48). Les systèmes photovoltaïques sont particulièrement intéressants dans les régions à irradiation moyenne ou élevée afin d'obtenir une efficacité maximale de la production d'électricité.

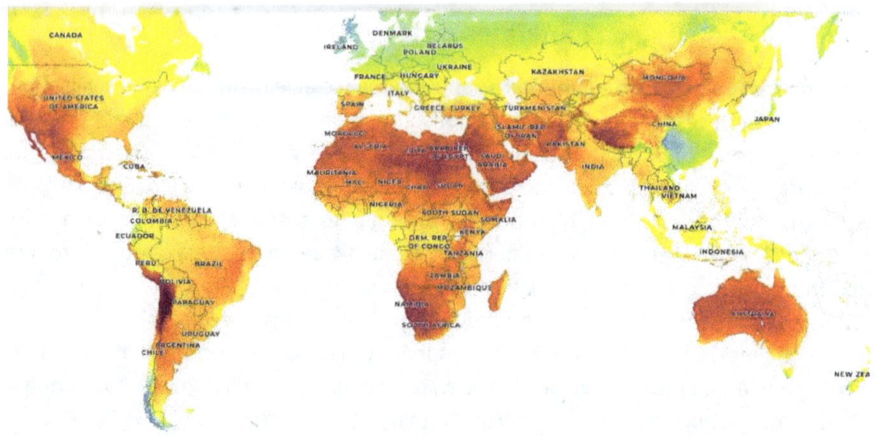

*Figure 48 : Irradiance sur une carte du monde (www.globalsolaratlas.info)*

La figure 48 montre que la terre reçoit un maximum de 7,4 kWh/m2 d'irradiation en un jour. Le rendement maximal des modules solaires en 2021 est d'environ 19 %, ce qui permettrait de produire près de 1,41 kWh d'énergie par mètre carré en une journée.

## Comment fonctionne le photovoltaïque ? D'où vient l'électricité ?

Les modules photovoltaïques sont généralement fabriqués en silicium. Lorsque la lumière du soleil frappe une telle cellule photovoltaïque (voir figure 49), l'énergie qu'elle apporte est convertie en électricité dans la cellule. L'arrière-plan ou le principe de base de ce phénomène est appelé "**effet photoélectrique**".

Cet effet décrit le processus de dissolution des électrons d'une surface semi-conductrice (surface métallique également possible) sous l'incidence de la lumière (**photons**). Les électrons sont ainsi libérés et transportés plus loin grâce à un dopage spécial de l'élément semi-conducteur.

La tension électrique générée (tension continue) peut ensuite être prélevée aux connexions de l'installation photovoltaïque. Pour utiliser cette tension, un onduleur est nécessaire pour convertir la tension continue en tension alternative afin que l'électricité "produite" puisse être injectée dans le réseau.

## Conception du système PV:

Une **cellule photovoltaïque** est constituée de silicium cristallin, qui convertit l'énergie lumineuse en une paire électron-trou et génère ainsi une tension de 0,5 volt. Une tension de 18 V est obtenue en connectant cette cellule 36 fois en série. Cette paire de 36 cellules s'appelle un **module.** Pour augmenter encore la tension, la combinaison de modules en série forme ce qu'on appelle une **chaîne PV**. Et cette combinaison de chaînes forme à son tour un **générateur photovoltaïque,** que nous pouvons ensuite installer sur le toit de notre maison, par exemple.

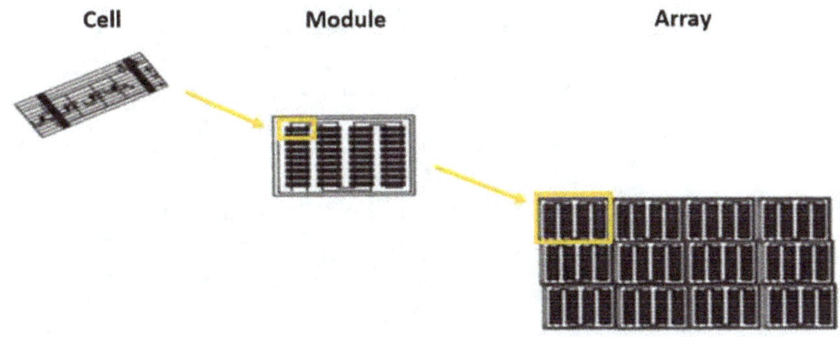


*Figure 49 : la structure d'un panneau photovoltaïque*

Chaque **module PV** individuel a un point de puissance maximale (comme un module à 18 V constant). Si le courant de court-circuit à 0 V est égal à $I_{sc}$ et la tension en circuit ouvert à 0 A est égale à $V_{oc}$ la puissance maximale se situe entre les deux. Si nous augmentons le courant au-dessus de 0 A, la tension augmente. $V_{oc}$ augmente, et de la même manière, si nous augmentons la tension au-dessus de 0 V, le courant diminue. $I_{sc}$. Le **point** central **optimal où** le produit des deux valeurs donne la valeur maximale est appelé **point de puissance maximale** ($P_{MPP}$).

$$P_{mpp} = U_{mpp} \cdot I_{mpp} = FF \cdot U_{oc} \cdot I_{sc} \qquad \text{7-1}$$

Ici, FF (fill factor) est une constante pour une cellule PV qui décrit le niveau d'efficacité d'un module PV.

<u>**Exemple 5**</u>
**Concevez un système photovoltaïque pour une maison nécessitant 10 kW à 220 V, 50 Hz en courant alternatif monophasé. $U_{mpp}$ et $I_{mpp}$ des panneaux PV sont de 54 V et 3 A.**

Ici, nous allons prendre l'entrée des panneaux solaires et l'alimenter dans l'onduleur. Les onduleurs prennent l'alimentation en courant continu (U DC) et la convertissent en courant alternatif (U AC) en inversant rapidement la polarité du courant continu. L'équation pour la tension de sortie de l'onduleur est :

$$U_{AC} = \frac{U_{DC}}{\sqrt{2}} \cdot 0,9 \Rightarrow U_{DC} = \frac{220}{0,9} \cdot \sqrt{2} = 345,7 \ V$$

Pour obtenir ces 345 volts à partir de cellules solaires, nous avons besoin de :

$$Nombre\ de\ modules = \frac{345\ V}{54\ V} = 6,4 \approx 7\ \textbf{modules}$$

Chaque module peut générer 54 volts. Connectés en série, ces 7 modules génèrent:

$$\text{Tension} = 7 \cdot 54\,V = 378\,V$$

$$\Rightarrow \quad \text{Puissance} = 378\,V \cdot I_{mpp} = 378\,V \cdot 3\,A = 1134\,W$$

Donc, pour atteindre la puissance requise de 10 kW, nous avons besoin :

$$\text{Nombre de chaînes PV} = \frac{10\,000\,W}{1134\,W} = 8,8 \approx 9$$

**Donc, ici, nous pouvons utiliser deux tableaux PV avec 5 chaînes PV :**

$$\text{Puissance} = 5 \cdot 2 \cdot 1134\,W \rightarrow 11,34\,kW \text{ Puissance totale}$$

## 7.2 Éoliennes

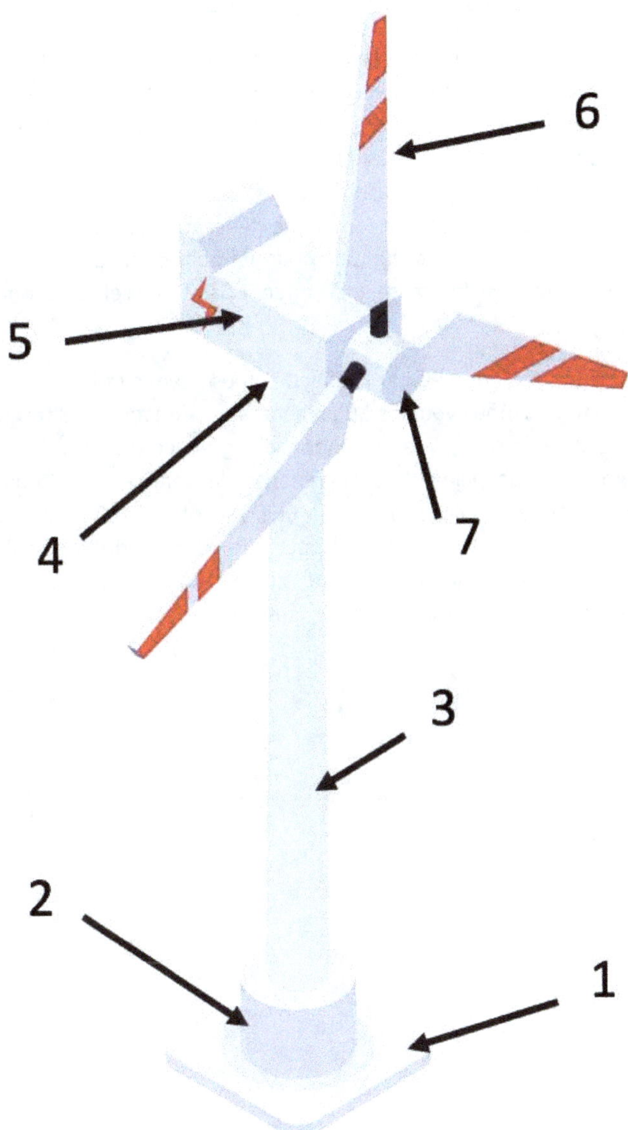



*Figure 52 : Structure d'une éolienne*

1) Fondations 2) Connexion au réseau électrique 3) Tour 4) Contrôle de la direction du vent 5) Nacelle avec générateur, anémomètre, frein et engrenage 6) Pale de rotor 7) Moyeu de rotor.

Les éoliennes utilisent des **générateurs synchrones où** l'énergie générée par le vent fait tourner le rotor du générateur, ce qui induit une tension dans le stator. Le **réducteur** augmente la vitesse de rotation du rotor du générateur.

Comme le rayon du rotor du générateur est plus petit à l'intérieur que les **pales de la turbine**, la conception de la turbine nécessite un calcul correct de l'engrenage pour que le couple total reste le même. Comme le vent souffle dans des directions différentes, les turbines modernes utilisent un contrôle du mouvement de tangage et de lacet. Le mouvement de tangage dans les turbines s'applique aux pales et le mouvement de lacet à l'ensemble de la turbine (y compris le générateur et le réducteur). D'autres parties de l'éolienne sont importantes pour le boîtier, la protection contre les intempéries, le contrôle de la vitesse, mais ne sont pas essentielles au fonctionnement de l'éolienne.

Pour calculer la tension générée par l'éolienne, nous devons tenir compte du rapport de démultiplication. Si nous voulons qu'un générateur fonctionne 8 fois plus vite que les pales, nous devons construire un rapport d'engrenage de 1 : 8 dans lequel nous avons 4 engrenages de pale et 48 engrenages de générateur. Normalement, les générateurs des éoliennes fonctionnent à une vitesse de 120 tr/min. Maintenant, lorsque le rotor tourne, il produit de l'électricité dans la turbine, qui est ensuite transmise au réseau électrique pour être distribuée. Comme on l'a déjà noté pour le moteur électrique, le générateur n'est pas vraiment différent en termes de construction.

## Annexe A : Logiciels de simulation et de CAO pour l'électronique

La conception assistée par ordinateur (CAO) et la simulation sont importantes dans l'ingénierie moderne, car elles donnent une meilleure idée d'un problème et permettent d'accroître l'efficacité. À l'aide d'un logiciel de CAO spécialement conçu pour les applications d'ingénierie électrique, les ingénieurs dessinent des diagrammes et des schémas de réseaux électriques. Les simulations donnent également une meilleure idée du circuit et, au lieu de le concevoir physiquement, nous pouvons économiser nos ressources (argent et temps) avec l'aide des simulations. Les logiciels de simulation électrique sont interactifs et peuvent nous aider à trouver plus facilement des solutions aux problèmes. Lorsque nous avons l'idée d'une nouvelle application, la structure mathématique de base de ce problème est un prérequis. Tout comme les ingénieurs développent les mathématiques de leurs modèles, les développeurs les utilisent dans leurs modèles pour des simulations interactives. Vous trouverez ci-dessous quelques outils logiciels utiles que vous êtes invités à examiner de plus près :

- **Multisim/Proteus :** Pour les solutions de circuits électroniques et embarqués. Tout comme les outils pratiques, ces logiciels de simulation disposent d'outils tels que l'oscilloscope, le générateur de fonctions et le multimètre pour la visualisation.

- **Visio/Edraw et Max/AutoCAD électrique** : logiciels de CAO pour la représentation de modèles électriques.

- **Eagle/Altium Designer** : Pour la conception de circuits imprimés professionnels

- **MATLAB/Mathematica** : pour résoudre des problèmes mathématiques. MATLAB possède également une extension intégrée appelée Simulink, qui est très utile pour les simulations électriques. En dehors des solutions mathématiques simples, MATLAB est un logiciel très complet avec lequel nous pouvons faire presque tout : Analyse des signaux, systèmes d'alimentation, électronique, gestion de l'énergie, économie de l'ingénierie et même robotique. Mathematica est également un logiciel très complet, particulièrement adapté aux solutions mathématiques pures.

- **ETAP :** Pour la conception de systèmes électriques, le dépannage et la gestion de la charge. Le logiciel **EveryCircuit (en ligne)** a été utilisé pour les circuits de ce livre. N'hésitez pas à le chercher sur Google et à l'essayer !

## Annexe B : Une brève introduction à l'utilisation d'un Arduino

Arduino est un microcontrôleur couramment utilisé. Les microcontrôleurs sont des dispositifs complexes, programmables, permettant de contrôler avec des instructions simples. Avec un microcontrôleur, nous pouvons contrôler un système simple avec un simple ensemble d'instructions. Le compilateur Arduino interprète les langages de programmation Python et CPP en langage machine binaire et charge ces instructions dans le microcontrôleur. L'Arduino est communément appelé microcontrôleur, mais ce n'est pas un microcontrôleur en soi. Il s'agit d'un assemblage de divers éléments électroniques avec un microcontrôleur. Habituellement, le microcontrôleur utilisé dans Arduino est un Atmel AT-mega de 8 bits. Cela fait d'Arduino un microcontrôleur interactif et pratique.

Pour plus de détails sur l'utilisation d'un Arduino et des instructions pas à pas, je vous recommande mon livre :

**Le guide ultime des débutants**

M.Eng. Johannes Wild

# Mot de la fin

Très bien ! Vous l'avez fait, vous avez suivi le cours pour débutants. Félicitations !

Dans ce livre, j'ai essayé de vous faire comprendre les connaissances de base de l'électrotechnique et de l'électronique d'une manière simple. J'espère que j'ai réussi dans une certaine mesure et que ce livre vous a donné une introduction facile à comprendre et pratique au monde de l'ingénierie électrique !

L'objectif de ce livre était de vous faire comprendre comment l'électrotechnique nous accompagne dans la vie de tous les jours et quels en sont les principes de base. Il s'agit d'un livre qui permet de comprendre les circuits électriques ainsi que les composants les plus importants (par exemple, résistance, transformateur, condensateur, diode, etc.) en électrotechnique ou en électronique.

Dans ce livre, nous avons également abordé les bases de la technologie du courant continu et de la technologie du courant alternatif, leur contexte physique et bien plus encore !

Avec ce cours de base, vous devriez maintenant savoir tout ce que vous devez savoir en tant que débutant sur le monde de l'électrotechnique et de l'électronique ! Bien entendu, il est judicieux de ne pas s'arrêter à ce stade et de se tourner plutôt vers un livre avancé pour en apprendre encore plus sur le sujet passionnant qu'est l'électrotechnique. Toutefois, si vous n'êtes pas familier avec ce domaine (vous êtes peut-être plus enclin à la mécanique), vous avez au moins entendu les bases !

Ensemble, nous avons réalisé beaucoup de choses dans ce cours, d'une manière ou d'une autre ! Soyez fier de vous à juste titre lorsque vous arrivez à la fin !

**Si vous avez aimé ce livre, je serais très heureux que vous me laissiez une note et un bref commentaire, et que vous recommandiez le livre ! Merci beaucoup !**

## Livres sur des sujets que vous pourriez également apprécier

Tous les livres sont disponibles en ligne sur les principales plateformes de vente. Il est préférable de rechercher le titre ou de visiter ma page d'auteur. Certains livres peuvent ne pas encore être publiés et ne seront pas disponibles avant un certain temps. Jetez un coup d'œil aux livres de votre choix et recevez-les chez vous sous forme de livre électronique ou de livre de poche !

### Impression 3D :

### CAO, FEM, FAO (Création d'objets 3D, Conception, Simulation) :

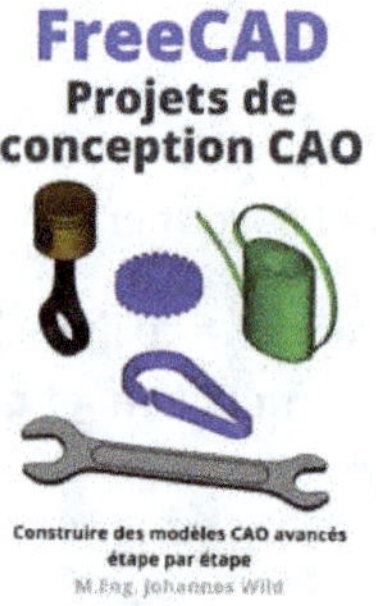

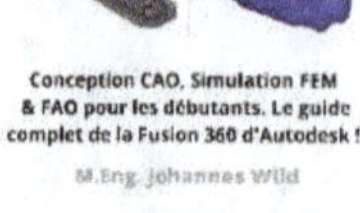

## Ingénierie électrique :

## Programmation et autres logiciels :

## Des cours vidéo identiques sont également disponibles pour certains de ces livres :

**L'impression 3D | Un guide étape par étape**
Le guide pratique pour les débutants créé par un ingénieur! Conçu pour une entrée immédiate dans l'impression 3D!
M.Eng. Johannes Wild
4.1 ★★★★☆ (32)
1.5 total hours • 20 lectures • All Levels
Highest rated

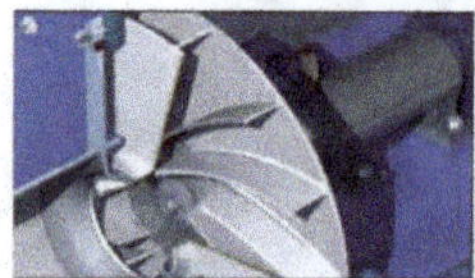

**La conception en CAO | Modélisation pour débutants**
Le guide pratique pour débutants pour créer des objets 3D avec un logiciel de CAO gratuit (pour l'impression 3D,...)
M.Eng. Johannes Wild
5.0 ★★★★★ (2)
1.5 total hours • 15 lectures • All Levels

**Fusion 360 étape par étape | CAO, FEM et FAO pour débutants**
Le guide pratique d'AUTODESK FUSION 360 ! Apprenez la conception, la simulation et la fabrication auprès d'un ingénieur
M.Eng. Johannes Wild
3.9 ★★★★☆ (7)
3.5 total hours • 24 lectures • Beginner

**Fusion 360 | Projets de conception CAO - Partie 1**
10 projets de conception CAO simples ou de difficulté moyenne expliqués pas à pas aux utilisateurs avancés
M.Eng. Johannes Wild
2 total hours • 12 lectures • Intermediate
New

...

**Pour l'achat, vous pouvez vous décider sur la plateforme d'apprentissage "Udemy" :**

**Recherchez mon nom sur www.udemy.com :**

**M.Eng. Johannes Wild ou utilisez le lien suivant :**

www.udemy.com/courses/search/?src=ukw&q=m.eng.+johannes+wild

**Inscrivez-vous dès aujourd'hui et approfondissez vos connaissances !**

# Mentions légales de l'auteur / de l'éditeur

© 2023

**Johannes Wild**
**c/o RA Matutis**
**Berliner Straße 57**
**14467 Potsdam**
**Germany**

**Courrier électronique : 3dtech@gmx.de**

## Cette œuvre est protégée par le droit d'auteur